Ratgeber Einnässe

Ratgeber Kinder- und Jugendpsychotherapie
Band 4
Ratgeber Einnässen
von Prof. Dr. Alexander von Gontard und Prof. Dr. Gerd Lehmkuhl

Herausgeber der Reihe:
Prof. Dr. Manfred Döpfner, Prof. Dr. Gerd Lehmkuhl,
Prof. Dr. Franz Petermann

Ratgeber

Einnässen

Informationen für Betroffene, Eltern, Lehrer und Erzieher

2., überarbeitete Auflage

von Alexander von Gontard
und Gerd Lehmkuhl

HOGREFE GÖTTINGEN · BERN · WIEN · PARIS · OXFORD · PRAG · TORONTO
CAMBRIDGE, MA · AMSTERDAM · KOPENHAGEN · STOCKHOLM

Prof. Dr. Alexander von Gontard, geb. 1954, ist seit 2003 Direktor der Klinik für Kinder- und Jugendpsychiatrie und Psychotherapie, Universitätsklinikum des Saarlandes, Homburg.

Prof. Dr. med. Dipl.-Psych. Gerd Lehmkuhl, geb. 1948. Seit 1988 Direktor der Klinik für Kinder- und Jugendpsychiatrie der Universität zu Köln.

Bibliografische Information der Deutschen Nationalbibliothek

Die Deutsche Nationalbibliothek verzeichnet diese Publikation in der Deutschen Nationalbibliografie; detaillierte bibliografische Daten sind im Internet über http://dnb.d-nb.de abrufbar.

© 2012 Hogrefe Verlag GmbH & Co. KG
Göttingen · Bern · Wien · Paris · Oxford · Prag · Toronto
Cambridge, MA · Amsterdam · Kopenhagen · Stockholm
Merkelstraße 3, 37085 Göttingen

http://www.hogrefe.de
Aktuelle Informationen · Weitere Titel zum Thema · Ergänzende Materialien

Umschlagabbildungen: © Getty Images, München
Illustrationen: Klaus Gehrmann, Freiburg; www.klausgehrmann.net
Satz: Arthür, Weimar
Gesamtherstellung: AZ Druck und Datentechnik, Kempten
Printed in Germany
Auf säurefreiem Papier gedruckt

ISBN 978-3-8017-2451-1

Zielsetzung des Ratgebers

Dieser Ratgeber informiert über verschiedene Erscheinungsformen, die Ursachen, den Verlauf und die Behandlungsmöglichkeiten beim Einnässen. Die Informationen richten sich überwiegend an Eltern, können jedoch auch für Lehrer, Erzieher und ältere Kinder und Jugendliche von Interesse sein. Das Ziel des Ratgebers ist es, kurz über die verschiedenen Formen des Einnässens tags wie auch nachts zu informieren und vor allem konkrete Hinweise und praktische Hilfen zur Verfügung zu stellen.

Dieser Ratgeber ist Bestandteil der Reihe Leitfaden Kinder- und Jugendpsychotherapie, in der die Diagnostik und Therapie psychischer Auffälligkeiten im Kindes- und Jugendalter beschrieben werden. Im Gegensatz zu den anderen Ratgebern dieser Reihe zeigt sich das Einnässen immer mit einer körperlichen Symptomatik (d. h. Urinabgang mit nasser Hose oder Bett), während viele Kinder keine weiteren psychischen Auffälligkeiten aufweisen. Da das Zusammenspiel von körperlichen und psychischen Aspekten sich für die einzelnen Formen des Einnässens deutlich unterscheiden, ist es notwendig, die einzelnen Erscheinungsformen getrennt zu besprechen. Der Ratgeber ergänzt den Leitfaden über Enuresis (von Gontard & Lehmkuhl, 2009), der sich vor allem an ärztliche und psychologische Psychotherapeuten richtet.

Da manche Kinder nicht nur einnässen, sondern auch einkoten, ist inzwischen ein gesonderter „Ratgeber Einkoten" erschienen (von Gontard, 2010a). Noch genauere Informationen findet man sowohl im Leitfaden „Enkopresis" und im Band „Enkopresis: Erscheinungsformen – Diagnostik – Therapie" (von Gontard, 2010b und c).

Alle Empfehlungen orientieren sich an aktuellen wissenschaftlichen Untersuchungen und den Leitlinien der Fachorganisation der Deutschen Gesellschaft für Kinder- und Jugendpsychiatrie und Psychotherapie zusammen mit den kinder- und jugendpsychiatrischen Berufsverbänden. Sie haben sich in vielen Jahren der Praxis bewährt, zur Trockenheit der Kinder und zur Entlastung der gesamten Familie geführt.

Seit dem Erscheinen der ersten Auflage des Ratgebers sind sieben Jahre vergangen. Während die Grundzüge der Behandlung weitgehend gleich geblieben sind, haben sich in vielen Bereichen deutliche Verbesserungen und Veränderungen ergeben, die eine Überarbeitung sinnvoll erscheinen lassen.

Danken möchten wir Frau Doris Bürgel für ihren – wie immer – hilfsbereiten, freundlichen und interessierten Einsatz beim Schreiben der ersten Auflage dieses Bandes.

Homburg und Köln, Januar 2012   Alexander von Gontard
                                                    und Gerd Lehmkuhl

Inhalt

1 Zur Orientierung: Allgemeines zum Einnässen

1.1 Kennen Sie das?

Mein Kind nässt tags und/oder nachts ein. Von diesem Problem sind viele Kinder betroffen. Sie sind unglücklich, leiden darunter, versuchen, es zu verheimlichen, vermeiden Aktivitäten mit anderen Kindern und machen sich Gedanken, woher das kommen könnte. Auch Eltern leiden unter dem Einnässen ihrer Kinder. Sie machen sich Sorgen um ihre Entwicklung, über Hänseleien durch andere Kinder und tragen z. T. jahrelang Schuldgefühle mit sich herum. Oft denken sie, dass sie durch ihr Erziehungsverhalten nicht nur zum Einnässen beigetragen haben, sondern dies direkt verursacht haben. Viele Eltern haben alle möglichen Dinge zur Behandlung unternommen, sind frustriert und ärgern sich über die großen Wäscheberge.

Zur Verdeutlichung der Problematik soll das Einnässen anhand der Beispiele von Jens und Mareike etwas ausführlicher dargestellt werden.

Der siebenjährige *Jens* nässt jede Nacht große Mengen ein und ist noch nie trocken gewesen. Seine Eltern berichten, dass er kaum zu erwecken sei. Um die Wäscheberge zu reduzieren, trägt er Windeln. Er fühlt sich sehr unglücklich, kommt sich wie ein Baby vor und möchte nicht bei Freunden übernachten. In der Schule läuft alles ohne Probleme, er ist beliebt bei Freunden und hat viele Spielinteressen. Die Mutter macht sich Sorgen, weil sie sehr früh, als Jens noch ein Baby war, wieder arbeiten gegangen ist. Sie, wie auch ihr Bruder, haben ebenfalls nachts als Kinder eingenässt.

Die neunjährige *Mareike* nässt jeden Tag dreimal kleinere Mengen ein, so dass ihre Unterwäsche immer feucht ist. Bisher hatte sie zwei Harnwegsinfekte gehabt. Die Mutter berichtet, dass sie bis zu zehnmal am Tag ganz

plötzlichen Harndrang verspürt und auf die Toilette rennen muss. Keine Autofahrt ist möglich, ohne dass wiederholt angehalten werden muss. Mareike kneift beim Harndrang die Beine zusammen, in der Schule setzt sie sich auf die Ferse. Die Mutter ist unglücklich darüber, dass es nicht besser wird, während Mareike sich inzwischen daran gewöhnt hat.

Kennen Sie solche (oder ähnliche) Beschreibungen? Wenn ja, dann wird Ihnen dieser Ratgeber mit Sicherheit weiterhelfen können. Obwohl viele Kinder und Eltern unter dem Einnässen leiden, gibt es doch eine sehr positive und tröstliche Botschaft: Viele dieser Belastungen werden sich zurückbilden, wenn ihr Kind trocken geworden ist. Sie werden sehen, dass es allen in der Familie besser gehen wird und dass sich viele Sorgen von selber lösen, sobald Ihr Kind nicht mehr einnässt. Das Ziel des Ratgebers ist es deshalb, Ihnen möglichst direkt und ohne Umwege praktische Schritte zu diesem Ziel hin zu vermitteln. Doch nun erst noch ein paar allgemeine Informationen:

1.2 Was versteht man unter Einnässen?

Unter einem Einnässen versteht man ein wiederholtes, unwillkürliches Einnässen ab einem Alter von fünf Jahren, nachdem medizinische Ursachen ausgeschlossen worden sind. In dieser kurzen Definition finden sich die wichtigsten Merkmale des Einnässens.

Zunächst muss es wiederholt auftreten. Wenn ein Kind einmal, z. B. nach einem Umzug oder einem schönen Geburtstag, nachts einnässt, ist es kein behandlungsbedürftiges Problem. Allgemein sollte ein Kind dazu mindestens drei Monate hintereinander eingenässt haben. Manche Definitionen sagen, dass das Einnässen zwischen zweimal pro Woche bis zweimal pro Monat stattfinden muss, bevor es sich um eine Störung handelt. Letztendlich ist es auch die eigene, subjektive Belastung, die entscheidend ist.

Von Einnässen als Störung kann man ferner nur sprechen, wenn das Kind mindestens fünf Jahre ist. Warum legt man diese Altersgrenze fest? Diese

Frage lässt sich einfach beantworten, da bis zu einem Viertel aller vierjährigen Kinder noch nachts einnässen. Bei einem so häufigen Geschehen kann es sich nicht um eine Störung, sondern Teil einer natürlichen Reifung handeln. Deshalb sollte man allen vierjährigen Kindern noch Zeit lassen, bis sie fünf Jahre alt geworden sind. Nur in seltenen Ausnahmefällen, z. B. bei vierjährigen Kindergartenkindern, die sehr unter dem Einnässen tags leiden und gehänselt werden, wäre eine frühere Behandlung überhaupt zu erwägen. Die Altersgrenze von fünf Jahren erstaunt viele Eltern, da sie oft erwarten, dass ein Kind bis zum Alter von zwei Jahren, jedoch spätestens bis zum Eintritt in den Kindergarten trocken sein muss. Diese Meinung ist immer noch weit verbreitet und wird von schlecht informierten Erzieherinnen im Kindergarten, wie auch Verwandten, vertreten. Lassen Sie sich nicht beirren: Ihr Kind hat Zeit bis zum Alter von fünf Jahren.

1.3 Welche Formen des Einnässens gibt es?

Zunächst kann man das Einnässen je nach der Tageszeit unterscheiden, zu der es auftritt. So nässen viele Kinder nachts, einige tags und einige kombiniert tags und nachts ein. Neuere Untersuchungen haben jedoch gezeigt, dass diese grobe Einteilung nicht ausreicht.

So unterscheidet man bei den Kindern, die nachts einnässen, zwischen solchen, die noch nie trocken geworden sind und solchen, die einen Rückfall erlitten haben. Wenn Ihr Kind noch nie länger als sechs Monate am Stück trocken gewesen ist, bezeichnet man das als primäres nächtliches Einnässen (der Fachausdruck lautet: primäre Enuresis nocturna) – wie beim Beispiel von Jens am Anfang dieses Kapitels. Wenn Ihr Kind jedoch schon einmal sechs Monate oder länger trocken gewesen ist und einen Rückfall erlitten hat, bezeichnet man das als ein sekundäres nächtliches Einnässen (der Fachausdruck lautet: sekundäre Enuresis nocturna). Kinder mit einem sekundären Einnässen haben häufiger zusätzlich psychische Auffälligkeiten – ansonsten werden beide Formen gleich behandelt.

Sehr viel wichtiger ist inzwischen die zweite Unterteilung. Kinder mit einer „monosymptomatischen" (oder einfachen) Enuresis nässen nachts ein und haben eine völlig normale Blasenfunktion. Kinder mit einer sogenannten „nicht monosymptomatischen" Enuresis nässen auch nachts ein – haben aber tagsüber eine gestörte Blasenfunktion (ganz ähnlich wie tageinnässende Kinder). In diesen Fällen muss die Blasenstörung zuerst

13

behandelt werden, um zum gewünschten Erfolg (d. h. Trockenheit) zu kommen.

Beim Einnässen tags ist alles noch komplizierter. Da die Rate von medizinischen Komplikationen höher ist, muss ein tags einnässendes Kind sehr viel genauer untersucht werden. Übrigens: Wenn tatsächlich eine medizinische Ursache vorliegt, bezeichnet man es nicht als ein übliches „funktionelles" Einnässen. Welche medizinischen Komplikationen gibt es? Zunächst muss festgehalten werden, dass medizinische Ursachen des Einnässens sehr selten sind. Es könnte sich um Fehlbildungen der Niere, sowie des ganzen Harntraktes handeln, wie z. B. Verengungen und Klappen in den Harnröhren. Selten können angeborene Störungen des Nervensystems zum Einnässen führen, ebenso selten medizinische Erkrankungen wie eine Zuckererkrankung.

Die zwei medizinischen Komplikationen, die beim Einnässen tags gehäuft vorkommen, sind wiederholte Harnwegsinfekte, wie auch Refluxe (Rückflüsse) von der Blase zu der Niere. Da diese eine gesonderte Behandlung erfordern, ist eine besonders gründliche kinderärztliche Untersuchung in jedem Fall erforderlich.

Falls diese oben genannten seltenen Ursachen nicht vorliegen, kann man beim Einnässen tags unterscheiden:

- Kinder, die sehr häufig auf die Toilette rennen müssen und mit Haltemanövern, wie Beine zusammen kneifen und Fersensitz, versuchen, den Harndrang aufzuhalten. Dies bezeichnet man als Dranginkontinenz (siehe das Beispiel von Mareike am Anfang des Kapitels).
- Ferner gibt es Kinder, die extrem selten auf die Toilette gehen, z. T. nur zwei- bis dreimal und ebenfalls mit Haltemanövern versuchen, in bestimmten Situationen, wie in der Schule und beim Fernsehen, den Toilettengang zurückzuhalten. Dies bezeichnet man als einen Miktionsaufschub.
- Zuletzt gibt es Kinder, die nur mit Pressen Wasser lassen können und bei denen der Harnfluss unterbrochen ist. Diese Störung ist auf ein gestörtes

14

Zusammenspiel von Blasenhohl- und Schließmuskel zurückzuführen und wird als Dyskoordination bezeichnet. Zu diesem Zeitpunkt müssen Sie sich die verschiedenen Formen noch nicht merken, sie werden in den folgenden Kapiteln genauer dargestellt.

1.4 Wie häufig ist das Einnässen?

Viele Eltern sind erstaunt darüber, wie häufig das Einnässen auftritt. Nachts nässen 10 % der Siebenjährigen, 1 bis 2 % der Jugendlichen und unter 1 % der Erwachsenen ein. Dies bedeutet, das nächtliche Einnässen zeigt also eine Tendenz, von selbst zu verschwinden. Die spontane Rückbildungsrate beträgt allerdings nur 15 % pro Jahr. Bei jüngeren, fünfjährigen Kindern, kann es durchaus angeraten sein, noch auf ein spontanes Trockenwerden zu warten, während für ältere Kinder diese 15 % pro Jahr mit Sicherheit nicht ausreichen: Sie wollen und brauchen eine direkte und konkrete Hilfe jetzt – und nicht erst in ein paar Jahren.

Das Einnässen tags ist seltener: 2 bis 3 % der Siebenjährigen und unter 1 % der Jugendlichen nässen ein. Auch hier findet sich eine leichte Tendenz zur spontanen Besserung, allerdings sollte wegen der möglichen medizinischen Komplikationen immer eine Behandlung erfolgen. Ein Zuwarten bei tags einnässenden Kindern ist erst recht nicht angezeigt.

1.5 Welche Ursachen hat das Einnässen?

Diese Frage beschäftigt viele Eltern, wie auch Kinder. Leider existieren zu dieser Frage noch viele Vorurteile, nicht nur bei Betroffenen, sondern bei Lehrern, Kindergärtnerinnen, Therapeuten, aber auch Ärzten.

Ein häufig vertretenes Vorurteil besagt, dass das Einnässen auf eine gestörte Sauberkeitserziehung zurückzuführen ist. Mehrere Untersuchungen haben zeigen können, dass die Sauberkeitserziehung keinerlei Einfluss auf das Trockenwerden nachts hat. Auf das Einnässen tags hat sie nur anfänglich einen geringen Einfluss, bis zum Alter von fünf Jahren jedoch wirkt sich die Art und Dauer der Sauberkeitserziehung nicht aus.

Ein anderes Vorurteil wird ebenfalls häufig vertreten, nämlich, dass das Einnässen seelisch bedingt sei. Man hört immer wieder den Spruch: „Die

Blase weint". Diese Annahmen sind völlig veraltet. Viele Untersuchungen haben zwar gezeigt, dass die Rate von Verhaltensproblemen bei einnässenden Kindern tatsächlich erhöht ist, nämlich zwei- bis vierfach höher als bei nicht einnässenden Kindern. Allerdings besagen die Zahlen auch, dass die meisten einnässenden Kinder nicht auffällig sind, nämlich höchstens 40 %. Auch unterscheidet sich die Rate begleitender psychischer Störungen von Einnässform zu Einnässform deutlich: So zeigen Kinder mit einer primären Enu-

resis nocturna kaum mehr Verhaltensauffälligkeiten als nicht einnässende Kinder, während solche mit einem Rückfall (sekundäres nächtliches Einnässen) häufiger betroffen sind. Auch bilden sich, wie oben erwähnt, viele seelische Symptome mit Erreichen des Trockenwerdens spontan zurück.

Wenn diese beiden oben genannten Gründe nicht zutreffen, wie erklärt man sich dann das Einnässen?

Bei dem nächtlichen Einnässen handelt es sich um eine genetisch bedingte Reifungsstörung des zentralen Nervensystems. Es sind sogar molekulargenetische Untersuchungen durchgeführt worden, die die Gen-Orte (noch nicht die Gene) des Einnässens identifiziert haben. Das nächtliche Einnässen ist demnach überwiegend eine vererbte Anlageproblematik (wie bei Jens oben). Beim sekundären nächtlichen Einnässen können jedoch Umweltfaktoren wie belastende Lebensereignisse (Scheidung der Eltern, Umzug, Eintritt in den Kindergarten) dazu führen, dass diese Veranlagung aktiviert wird und es zum Rückfall kommt.

Beim Einnässen tags ist die Situation sehr viel komplizierter. Auch bei der Dranginkontinenz (häufiges Toilettengehen wie bei Mareike oben) handelt es sich um eine genetische Anlageproblematik, bei der ebenfalls Gen-Orte identifiziert wurden. Bei dem Miktionsaufschub (seltenes Toilettengehen und Zurückhalten) dagegen handelt es sich um eine ausschließlich psychogen bedingte Störung, bei der Dyskoordination (unterbrochener Harnfluss) um ein erlerntes Verhalten.

16

1.6 Ist mein Kind verhaltensauffällig, wenn es einnässt?

Diese Frage beschäftigt viele Eltern. Wie oben schon erwähnt, sind die meisten Kinder, die einnässen, nicht verhaltensauffällig. Für sie genügt es ausschließlich, dass sie trocken werden. Selbst bei den Kindern mit leichten Verhaltensauffälligkeiten oder einem hohen Leidensdruck genügt die Behandlung des Einnässens selber häufig vollkommen. Viele Symptome werden sich von selber zurückbilden. Wenn ein Kind jedoch ausgeprägte seelische oder Verhaltensprobleme zeigt, werden diese sich natürlich nicht durch das Trockenwerden selber zurückbilden. In diesen Fällen sollte zusätzlich zu der Behandlung des Einnässens (hierauf sollte niemals verzichtet werden!) eine genaue Abklärung und Behandlung der psychischen Begleitstörung durchgeführt werden. Dieses kann z. T. gleichzeitig zur Behandlung des Einnässens erfolgen. Manchmal kann es sinnvoll sein, dieses zeitversetzt zu tun. In diesen Fällen sollte man sich Hilfe durch Kinderpsychiater, Kinderpsychologen oder Kinderärzte einholen.

1.7 Was sollte man untersuchen lassen?

Wegen den möglichen medizinischen Komplikationen sollte jedes Kind mit einem Einnässen mindestens einmal vom Kinderarzt untersucht werden. Dies gilt unbedingt für die Kinder, die tags einnässen. Bei ihnen ist eine kinderärztliche Untersuchung absolut erforderlich. Da die Rate von schweren medizinischen Komplikationen insgesamt selten ist, sollten eingreifende Untersuchungen nur vorgenommen werden, wenn sie wirklich notwendig sind. Wenn sie angezeigt sind, sollte man sie jedoch nicht hinauszögern.

Für nachts einnässende Kinder, wie auch den meisten tags einnässenden Kindern reicht folgendes Programm vollkommen aus:

1 Der Kinderarzt wird die **Vorgeschichte** genau erfragen und sich ein Bild über die Form des Einnässens sowie den Verlauf machen.

2 Ganz wichtig ist ein sogenanntes **48-Stunden-Miktionsprotokoll**. Bei diesem werden Eltern gebeten, über 48 Stunden (d. h. an zwei Tagen) an einem Wochenende ohne weitere Verpflichtungen und Stress das Trink- und Toilettenverhalten des Kindes genau zu beobachten und zu dokumentieren. Dabei sollte vermerkt werden: der Zeitpunkt und die Menge des Urinvolumens, Zeitpunkt des Einnässens, Zeitpunkt und die Menge des Trinkvolumens sowie Besonderheiten wie Drangsymptome, Haltemanöver oder Pressen. Ein Beispiel für ein 48-Stunden-Protokoll findet sich im Anhang des Buches (vgl. S. 60). Dieses Protokoll ist extrem wichtig, um die Form des Einnässens einzugrenzen und sollte auf jeden Fall verwendet werden. Eine große Hilfe ist es, wenn Sie dieses Protokoll schon vorher ausgefüllt haben.

3 Zur Ergänzung können (müssen aber nicht) **Fragebögen** zum Einnässen eingesetzt werden. Ein bewährter Fragebogen findet sich ebenfalls im Anhang (vgl. S. 62). Auch können Fragebögen zum allgemeinen Verhalten des Kindes sinnvoll sein.

4 Bei jedem Kind sollte eine **körperlich-kinderärztliche Untersuchung** erfolgen, dabei sollten immer das Genital und der Rücken mit untersucht werden.

5 Eine **Ultraschalluntersuchung der Nieren und der Blase** wird als einfache, nicht eingreifende Maßnahme empfohlen, um Fehlbildungen des Harntraktes auszuschließen. So können bei manchen Kindern auch zwei Hinweise auf eine Blasenfunktionsstörung gefunden werden, nämlich eine Verdickung der Blasenwand (d. h. die Blasenmuskulatur wurde zu sehr beansprucht) und eine Resturinbildung (d. h. Urin verbleibt nach dem Toilettengang in der Blase). Beides kann sich nach einer erfolgreichen Behandlung zurückbilden. Auch Hinweise auf eine Verstopfung sieht man im Ultraschall: Der Enddarm ist vergrößert und kann die Blasenfunktion beeinträchtigen, indem er von hinten auf die Blase „drückt".

6 Eine **Urinuntersuchung**, zumindest mit einem Teststreifen, wird mindestens einmal empfohlen, um ganz sicher zu gehen, dass kein Harnwegsinfekt vorliegt.

Diese oben genannte „Standarddiagnostik" reicht praktisch bei allen Kindern aus. Bei besonderen Fragestellungen sollte sie ergänzt werden. Dies sollte Ihr Kinderarzt entscheiden:

1. So ist es bei Kindern mit Verdacht auf Harnwegsinfekten unbedingt notwendig, dass genauere Untersuchungen des Urins durchgeführt werden, um den Erreger des Harnwegsinfektes zu identifizieren.
2. Falls der Verdacht auf eine Blasenentleerungsstörung vorliegt, kann eine Uroflowmetrie durchgeführt werden. Darunter versteht man eine Harnflussmessung. Das Kind setzt sich auf einen Toilettensitz und während des Wasserlassens werden Harnfluss und Urinmenge festgehalten.
3. Bei dem Verdacht auf medizinische Komplikationen kann es notwendig sein, dass eine weitergehende urologische Diagnostik durchgeführt wird. Dazu gehören eine Blasenspiegelung, Untersuchung der Druckverhältnisse in der Blase während der Füllungsphase und röntgenologische Untersuchungen. Diese sollten immer von einem Facharzt durchgeführt werden, der sich auf Kinder spezialisiert hat.

1.8 Wie sollte das Einnässen behandelt werden?

Auch hierzu gibt es einige allgemeine Hinweise. Einzelheiten finden sich in den jeweiligen Kapiteln:

1. Zur Behandlung gehört immer eine gründliche Untersuchung. Bevor diese nicht durchgeführt worden ist, sollte unter keinen Umständen mit einer Therapie begonnen werden. Bei der Vielfalt der Einnässprobleme ist es wichtig, die passendste und wirksamste Behandlungsform auszusuchen.
2. Alle nicht wirksamen Methoden sollten unterlassen werden. Viele Eltern haben in ihrer Verzweiflung zu Methoden gegriffen, die wirklich nicht wirksam sind. Trotz ihres guten Willens sollten diese unterlassen werden.
3. Die Einnässproblematik sollte Eltern wie auch Kindern in einer verständlichen Form erläutert werden. Erst wenn Sie und Ihr Kind verstehen, worum es geht, werden Sie den Sinn der Behandlung erkennen und umso besser mitarbeiten.

4. Bei vielen Einnässformen beginnt man mit einer Beobachtungsphase. Allein das Beobachten und Registrieren reicht bei vielen Kindern aus, eine Besserung zu erreichen.
5. Wenn möglich, sollte man mit nicht pharmakologischen Methoden beginnen. Bei vielen Formen des Einnässens ist eine medikamentöse Behandlung nicht notwendig. Es gibt jedoch besondere Situationen, in denen eine medikamentöse Behandlung angezeigt und sinnvoll ist. In diesen Fällen sollte nicht gezögert werden. Doch auch hier gilt das Prinzip: nie Medikamente ohne begleitende Beratung.
6. Zuletzt sollte, gerade bei komplizierten Ausscheidungsproblemen, immer eine klare Reihenfolge eingehalten werden: nämlich zuerst die Behandlung eines möglichen Einkotens, gefolgt von der Behandlung des Einnässens tags und zuletzt des Einnässens nachts. Dieses Vorgehen wird im nächsten Absatz genau erläutert.

1.9 Wie gehe ich bei diesem Ratgeber vor?

Es wurde versucht, diesen Ratgeber möglichst logisch nach der Reihenfolge der Behandlungsschritte aufzubauen. Obwohl er vom Einnässen handelt, werden Sie sich vielleicht wundern, warum das zweite Kapitel vom Einkoten handelt. Leider gibt es viele Kinder, die nicht nur einnässen, sondern auch Stuhl absetzen. In jedem Fall ist es notwendig, diese Stuhlprobleme zuerst zu behandeln. Wegen der vielfältigen Komplikationen ist es ebenfalls sinnvoll, mit der Behandlung des nächtlichen Einnässens erst zu beginnen, nachdem Ihr Kind tagsüber trocken geworden ist.

Von daher können Sie sich bei diesem Ratgeber folgende Fragen stellen:
• Kotet mein Kind ein? – dann beginnen Sie bitte mit Kapitel 2.
• Nässt mein Kind tagsüber ein (aber kotet es nicht ein)? – dann können Sie das zweite Kapitel überspringen und gleich zu Kapitel 3 gehen.
• Nässt mein Kind nachts ein (aber nässt es tags nicht ein und kotet nicht ein)? – dann können Sie Kapitel 2 und 3 überspringen und gleich mit Kapitel 4 beginnen.
• Zeigt mein Kind weitere seelische oder Verhaltensauffälligkeiten, die über den üblichen Leidensdruck hinausgehen? In diesem Fall sollten Sie die vorherigen Kapitel nicht überspringen, die dort aufgeführten Ratschläge befolgen und zum Abschluss überprüfen lassen, ob weitere Behandlungen notwendig sind – siehe Kapitel 5.

Wir hoffen, sehr, dass Sie und Ihr Kind mit den aufgeführten Ratschlägen rasch zum Ziel kommen und dann getrost diesen Ratgeber beiseite legen können (und falls erforderlich anderen Freunden weiterempfehlen).

2 Einkoten

Bevor Sie dieses Kapitel lesen, sollten Sie sich zwei Fragen stellen:
- Kotet mein Kind ein? Dieses können kleine Mengen (Stuhlschmieren) oder richtige Haufen sein (Einkoten).
- Kommt es vor, dass mein Kind verstopft ist? Dies bedeutet, dass Ihr Kind wiederholt über mehrere Tage keinen Stuhlgang absetzt oder, dass es beim Stuhlgang harten Stuhl nur unter Schmerzen absetzt. Wenn eine dieser Fragen zutrifft, wäre es ratsam, dieses Kapitel genau zu lesen, da die Behandlung des Einkotens immer vor der Behandlung des Einnässens erfolgen

sollte. In diesem Zusammenhang wird die Behandlung des Einkotens nur kurz dargestellt. Falls Sie nähere Informationen wünschen, darf auf den „Ratgeber Einkoten" (von Gontard, 2010a), sowie das Buch „Enkopresis: Erscheinungsformen – Diagnostik – Therapie" (von Gontard, 2010c) oder den Leitfaden „Enkopresis" (von Gontard, 2010b) verwiesen werden.

Wenn Sie die oben genannten zwei Fragen jedoch mit nein beantworten können, dürfen Sie getrost dieses Kapitel überspringen.

2.1 Was versteht man unter Einkoten?

Einkoten (Enkopresis) wird als willkürliches und unwillkürliches Einkoten (Absetzen von Stuhl in nicht dafür vorgesehenen Stellen) ab einem Alter von vier Jahren nach Ausschluss von medizinischen Ursachen definiert.

In dieser Definition klingen die wichtigsten Zeichen des Einkotens an: Es erfolgt überwiegend unbewusst, z. T. jedoch auch willkürlich. Man bezeichnet es als Störung ab einem Alter von vier Jahren (d. h. ein Jahr früher als das Einnässen). Auch beim Einkoten müssen medizinische Ursachen ausgeschlossen werden, d. h. eine kinderärztliche Untersuchung ist in jedem Fall erforderlich.

2.2 Wie häufig ist das Einkoten?

1 bis 3 % aller Klein- und Schulkinder koten ein. Es findet sich keine kontinuierliche Abnahme während der gesamten Schulkinderzeit. Das Einkoten, vor allem mit Verstopfung, kann sich ins Jugend-, und sogar bis ins junge Erwachsenenalter fortsetzen. Bei manchen Kindern ist es also eine langfristige Problematik, die eine längere Behandlung erfordert.

Das Einkoten tritt sehr häufig mit dem Einnässen zusammen auf. Von allen einkotenden Kindern nässt ein Drittel zusätzlich auch ein. Auch anders herum finden sich Zusammenhänge: Von den Kindern mit nächtlichem Einnässen koten 5 %, von den Kindern mit Einnässen tagsüber immerhin 25 % zusätzlich ein. Es gibt also besonders ausgeprägte Zusammenhänge zwischen dem Einkoten und dem Einnässen tags.

2.3 Welche Formen des Einkotens gibt es?

Grundsätzlich kann man zwei verschiedene Formen unterscheiden: Kinder, die neben dem Einkoten zusätzlich verstopft sind, und Kinder, die keinerlei Zeichen der Verstopfung zeigen.

2.4 Wie erkennt man ein Einkoten mit Verstopfung?

Beim Einkoten mit Verstopfung gehen die Kinder selten auf die Toilette, der Stuhlgang erfolgt z. T. nur alle paar Tage. Daneben gibt es Kinder, die zwar täglich Stuhlgang haben, aber dennoch Stuhl zurückhalten. Bei diesen ist der Appetit häufig reduziert, sie klagen über Bauchschmerzen, der Toilettengang ist ebenfalls schmerzhaft und der Kinderarzt kann sogar Stuhlballen bei der Untersuchung des Bauches tasten. Im Ultraschall sieht man den erweiterten Enddarm durch die zurückgehaltenen Stuhlmassen.

2.5 Wie kommt es zum Einkoten mit Verstopfung?

Im Prinzip können verschiedene körperliche wie auch seelische Auslöser schon im Kleinkindesalter zu einer akuten Verstopfung führen. Die häufigste Ursache sind Schmerzen beim Stuhlgang, z. B. durch Risse in der

Darmschleimhaut. Jedoch auch Trennungserlebnisse, Umzüge und sonstige seelische Belastungen können Kinder dazu bewegen, den Stuhl zurückzuhalten. Eine vorübergehende, akute Verstopfung ist kein Grund zur Beunruhigung. Bei einigen Kindern entwickelt sich jedoch eine chronische Verstopfung im Sinne eines Teufelskreises. Sie halten den Stuhl zurück, der Darm erweitert sich, die Wahrnehmung der Darmwand lässt nach und die Eigenaktivität des Darmes wird reduziert, so dass sich erneute Stuhlmassen ansammeln. Zum Einkoten kommt es dann, wenn frischer Stuhl zwischen den alten Stuhlmassen austritt. Zum Einnässen kommt es, weil die Stuhlmassen von hinten gegen die Blase drücken, zum Zurückhalten von Urin führen und auch andere Funktionen der Blase beeinträchtigen.

2.6 Wie erkennt man ein Einkoten ohne Verstopfung?

Während es somit gute Erklärungen für das Einkoten mit Verstopfung gibt, sind die Zusammenhänge beim Einkoten ohne Verstopfung wesentlich schlechter geklärt. Die Kinder haben insgesamt häufiger Stuhlgang, der Appetit ist meistens nicht reduziert und sie klagen nicht über Schmerzen. Im Ultraschall ist der Enddarm natürlich nicht erweitert. Von manchen Fachleuten wird angenommen, dass die Ursache überwiegend seelisch bedingt ist. Dagegen kann man einwenden, dass in verschiedenen Untersuchungen nur 30 bis 50 % der Kinder tatsächlich seelische und Verhaltensprobleme zeigen – genauso viele wie bei dem Einkoten ohne Verstopfung. Man muss zum jetzigen Zeitpunkt einfach festhalten, dass die Ursachen letztendlich nicht geklärt sind. Dennoch gibt es für beide Behandlungsformen gute, Erfolg versprechende Behandlungsmöglichkeiten.

2.7 Wie sollten alle Kinder mit Einkoten behandelt werden?

Wie beim Einnässen sollte vor jeder Behandlung eine ausführliche Abklärung durch den Kinderarzt erfolgen. Danach sollten Eltern und Kinder ausführlich informiert und instruiert werden. Die Grundbehandlung des Einkotens ist für beide Formen gleich und besteht in einer Regulierung des Toilettenganges.

2.8 Was versteht man unter einer Regulierung des Toilettenganges?

Das Einkoten wird sich bei vielen Kindern zurückbilden, wenn sie sich (wieder) einen regelmäßigen Stuhlgang angewöhnen. Dazu nutzt man die Entleerungsreflexe des Darmes nach den Mahlzeiten aus. Kinder werden gebeten, sich nach dem Frühstück, Mittagessen und Abendbrot 5 bis 10 Minuten entspannt auf die Toilette zu setzen. Wichtig dabei ist es, dass sie mit den Füßen Kontakt zum Boden haben. Falls erforderlich, sollte ein Fußbänkchen zur Verfügung stehen. Die Kinder sollten mit leicht gespreizten Beinen ruhig auf der Toilette sitzen. Dies

sollte möglichst positiv gestaltet werden, d. h., Kinder können lesen, malen, Nintendo spielen und anderen entspannenden Aktivitäten nachgehen. In einem Plan wird vermerkt, ob sie Stuhlgang und Urin absetzen oder nicht. Ferner wird vermerkt, ob sie auf die Toilette geschickt werden mussten oder freiwillig gingen. Neben den Toilettengängen sollten natürlich auch Einkotepisoden im Plan vermerkt werden. Die Mitarbeit des Kindes kann positiv verstärkt werden, indem kleine Belohnungen wie Sticker, Kärtchen oder Gummibärchen gegeben werden, wenn das Kind sich an den Plan hält. Niemals sollte die Rückbildung des Einkotens an sich belohnt werden, da es bei manchen Kindern nicht unter vollständiger willkürlicher Kontrolle steht. Wenn also Belohnungen eingesetzt werden, dann nur für die Mitarbeit des Kindes.

Diese Grundbehandlung ist, wie oben erwähnt, geeignet für alle Formen des Einkotens. Für das Einkoten ohne Verstopfung reicht sie vollkommen aus. Im nächsten Absatz werden die Besonderheiten des Einkotens mit Verstopfung besprochen.

2.9 Wie behandelt man das Einkoten mit Verstopfung?

Für Kinder mit ausgeprägtem Einkoten und Verstopfung wird die Grundbehandlung nicht ausreichen. Sie sollte in jedem Fall während der gesamten Behandlung eingesetzt werden. Zusätzlich kommen folgende Maßnahmen in Frage: Da das Problem ein Zurückhalten des Stuhls ist und sich im Laufe der Monate bis Jahre große Stuhlmassen angesammelt haben können, müssen diese ausgeschieden werden. Diese anfängliche Entleerung wird mit dem Fachausdruck „Desimpaktion" bezeichnet. Sie kann über orale (über den Mund eingenommene) Medikamente erreicht werden – oder über Einläufe. Da die orale Desimpaktion für Kinder sehr viel angenehmer ist, sollte sie in den meisten Fällen zuerst versucht werden. Das wirksamste Mittel ist das Medikament PEG (Polyethylenglykol – Handelsname z. B. Movicol junior®). PEG hat den Vorteil, dass es im Darm bleibt und nicht in den Körper aufgenommen wird. Durch seinen Aufbau bindet es Wasser und führt zu einem weichen Stuhl mit einer schnelleren Darmpassage. Es hat praktisch keine Nebenwirkungen – lediglich kann ein Durchfall durch eine Überdosierung bewirkt werden. PEG wird als Pulver in Päckchen geliefert, die in Flüssigkeit aufgelöst werden. Für eine erfolgreiche Desimpaktion muss PEG sehr hoch dosiert werden. Dies soll Ihr Arzt Ihnen genau nach Körpergewicht Ihres Kindes ausrechen. Als grober Anhaltspunkt gilt 1,5 g pro Kilogramm Körpergewicht pro Tag in zwei Dosen. Damit PEG wirken kann, sollten Sie darauf achten, dass Ihr Kind genügend trinkt. Sobald größere Stuhlmassen ausgeschieden sind, sollten sie die Dosis reduzieren – und PEG langfristig in geringerer Menge geben. Alle anderen Abführmittel, vor allen alle „natürlichen" Mittel, sind zur Desimpaktion nicht geeignet und sollten nicht verwendet werden.

Bei manchen Kindern ist bei längerem Verlauf und großen Stuhlmassen eine orale Desimpaktion nicht mehr möglich – sie benötigen einen kleinen Einlauf. Üblicherweise werden phosphathaltige Einmal-Klistiere verabreicht. Dabei verwendet man bei Kleinkindern ein halbes Klistier, bei jüngeren Schulkindern drei Viertel des Klistiers und bei älteren und Jugendlichen ein Klistier. Das Klistier besteht aus einer Plastikflasche mit einem Schlauch. Der Schlauch kann eingecremt werden. Die Kinder legen sich auf die Seite, der Schlauch wird eingeführt und man drückt die Tube zusammen. Kinder sollen den Einlauf möglichst lange einbehalten und nach 15 bis 20 Minuten Stuhl absetzen. Gerade bei Kleinkindern ist es wichtig, darauf zu achten, dass sie das Klistier nicht vollkommen einbehalten.

Die Häufigkeit der Klistiere richtet sich nach dem Ausmaß der Verstopfung. Üblicherweise reichen ein bis drei Einläufe an den ersten Tagen aus, bei manchen Kindern sind jedoch auch über längere Zeit Einläufe erforderlich. Das genaue Vorgehen sollten Sie immer mit Ihrem Kinderarzt absprechen.

Wenn der Darm einmal entleert ist, muss man darauf achten, dass sich nicht erneute Stuhlmassen ansammeln. Gerade in dieser Erhaltungsphase sollten die Pläne und das regelmäßige Schicken auf die Toilette unbedingt weiter erfolgen. Um einen Rückfall zu vermeiden, sollten langfristig orale Abführmittel gegeben werden (bitte fragen Sie Ihren Kinderarzt). Auch hierzu ist PEG (Polyethylenglykol – z. B. Movicol junior®) mit Abstand das wirksamstes Medikament mit praktisch keinen Nebenwirkungen. PEG wird nach Wirkung dosiert – bei weichem Stuhl gibt man weniger, bei hartem Stuhl mehr. Als Anhaltspunkt kann eine anfängliche Dosierung von 0,4 g pro Kilogramm Körpergewicht am Tag gewählt werden. Auch während der Erhaltungsphase sollte genügend getrunken – und die Toilettensitzungen sollten regelmäßig fortgesetzt werden. Neuere Arbeiten weisen darauf hin, dass die Erhaltungsphase lange durchgeführt werden muss, d. h., mindestens sechs Monate bis mehrere Jahre. Eine Abhängigkeit entwickelt sich auch bei längerer Einnahme nicht.

Nur falls Eltern es ausdrücklich wünschen, kann in dieser Phase auch Milchzucker gegeben werden, der in Pulverform (im Reformhaus) sowie als Flüssigkeit (Lactulose) erhältlich ist. Der Milchzucker wird nicht vom Körper aufgenommen, sondern zieht Wasser in den Darm und führt somit zu einem Weichwerden des Stuhles. Die erforderliche Menge richtet sich ausschließlich nach der Wirkung und liegt zwischen dreimal 1 Teelöffel bis dreimal 2 Esslöffel am Tag. Klagt das Kind über dünnen Stuhl oder Blähungen, muss die Dosis reduziert werden. Die Nebenwirkungsrate ist höher als beim PEG.

Zwei Punkte sind beim Einkoten mit Verstopfung wichtig und sollen deshalb besonders beachtet werden: Manche Kinder trinken zu wenig. Man sollte darauf achten, dass sie genügend Flüssigkeit zu sich nehmen. Schulkinder benötigen 1 bis 2 Liter pro Tag, insbesondere, wenn sie Sport treiben und körperlich aktiv sind. Manche Kinder ernähren sich sehr einseitig, vor allem mit ballaststoffarmen, kohlehydrahtreichen Nahrungsmitteln. Falls Ihr Kind also Weißbrot, Kekse und Schokolade in Übermaß zu sich nimmt, wäre es ratsam, auf eine ausgewogene Diät mit Ballaststoffen, Obst und Gemüse zu achten.

2.10 Sind zusätzliche Behandlungen notwendig?

Für viele der Kinder reichen die oben erwähnten Behandlungsformen vollkommen aus. Falls Ihr Kind in anderen Bereichen ausgeprägte Verhaltensprobleme zeigt, sollten Sie dieses von einem Kinderpsychiater oder Psychologen untersuchen lassen (siehe auch Kapitel 5). Bei 30 bis 50 % der Kinder sind tatsächlich weitere Behandlungsformen notwendig. Bei den meisten genügt es vollkommen, dass das Kind sauber wird. Es wird sich besser fühlen und viele Symptome werden sich zurückbilden.

2.11 Warum sollte das Einkoten immer vor dem Einnässen behandelt werden?

Diese Frage lässt sich sehr einfach beantworten: Viele Untersuchungen konnten zeigen, dass die alleinige Behandlung des Einkotens (mit oder ohne Verstopfung) oft vollkommen ausreicht, damit das Kind sauber und trocken wird. Bei vielen Kindern wird sich das Einnässproblem mit Erreichen der Sauberkeit also von selbst geben. Andererseits wird eine Behandlung des Einnässens ohne eine vorherige Behandlung des Einkotens mit vielen Komplikationen und einer geringeren Erfolgsquote verbunden sein. Für Sie als Eltern bedeutet dieses: Immer die empfohlene Reihenfolge einhalten, so kommen Sie am besten zum Ziel.

3 Einnässen tags

Die Grundfrage zu diesem Kapitel lautet: Nässt mein Kind tagsüber ein? Wenn ja, sind Sie hier genau richtig aufgehoben. Falls Ihr Kind zusätzlich einkotet, gehen Sie bitte ein Kapitel zurück. Falls es nur nachts einnässt, können Sie dieses Kapitel überspringen und direkt zum vierten Kapitel übergehen.

Wie schon oben erwähnt, treten medizinische Komplikationen sehr viel häufiger bei Kindern auf, die tags einnässen (als beim reinen nächtlichen Einnässen). Insbesondere muss man hier an Harnwegsinfekte denken, die im Sinne eines „Teufelskreises" zum Einnässen führen können. Das Einnässen wiederum erhöht die Wahrscheinlichkeit für einen neuen Infekt. In diesen Fällen muss der einzelne Harnwegsinfekt behandelt werden. Falls es zu wiederholten Harnwegsinfekten kommt, kann eine Dauerbehandlung mit einem Antibiotikum notwendig sein. Aus diesen Gründen ist es unbedingt notwendig, dass Ihr Kind einem Kinderarzt vorgestellt wird, der es genau untersucht und die Behandlung der Harnwegsinfekte übernimmt.

Wenn diese medizinischen Komplikationen und Ursachen ausgeschlossen sind, handelt es sich um ein sogenanntes funktionelles Einnässen tags. Darunter versteht man, dass das Einnässen nicht durch eine körperlich-medizinische Krankheit bedingt ist, sondern durch eine Störung der Funktion der Blase. Das tröstliche bei diesen Formen ist natürlich, dass eine funktionelle Störung im Prinzip reversibel ist und oft gut behandelt werden kann.

In diesem Zusammenhang werden nur die drei häufigsten „funktionellen" Formen des Einnässens tags besprochen, um Sie, als Eltern, nicht zu verwirren. Es gibt noch eine Reihe von seltenen Formen, die nur erwähnt, aber nicht ausführlich besprochen werden. So nässen manche Kinder tagsüber nur ein, wenn sie lachen (so genannte Lach-Inkontinenz). Andere nässen ein, sobald der Druck innerhalb des Bauches ansteigt, z. B. beim Niesen, Husten und Drücken (die sogenannte Stress-Inkontinenz). Bei anderen Kindern ist der Blasenmuskel so schwach, dass er die Entleerung nicht schafft (sogenannte Detrusor-Dekompensation oder „Unteraktive Blase"). Auch wegen diesen seltenen Formen ist es wichtig, dass Ihr Kinderarzt Ihr Kind untersucht und Ihnen genau mitteilen kann, welche Einnässproblematik vorliegt und welche Behandlungsform für Ihr Kind am geeignetsten ist.

3.1 Wie unterscheidet man die drei häufigen Formen des Einnässens?

Dies kann für Eltern sehr verwirrend sein. Letztendlich muss man einen Fachmann zu Rate ziehen. Dennoch gibt es für die drei häufigen Formen typische Hinweise oder Symptome:

> **Die drei häufigsten Formen des Einnässens**
>
>
>
> – Üblicherweise gehen Schulkinder fünf- bis siebenmal am Tag auf die Toilette. Wenn Ihr Kind häufiger auf die Toilette gehen muss (z. T. 10- bis 20-mal), nur kleine Mengen absetzt und über einen plötzlichen Harndrang klagt, so ist die Wahrscheinlichkeit groß, dass es sich um eine **Dranginkontinenz** handelt. Wenn Ihr Kind selten auf die Toilette geht (unter viermal, z. T. nur zwei- bis dreimal), große Mengen Urin absetzt und in typischen Situationen (wie Fernsehen, Schule) nicht auf die Toilette geht, handelt es sich vermutlich um eine sogenannte **Harninkontinenz bei Miktionsaufschub.**
> – Wenn Ihr Kind nicht spontan Wasser lassen kann, sondern pressen muss und der Harnfluss in mehreren Portionen unterbrochen verläuft, besteht zumindest der Verdacht auf eine **Detrusor-Sphinkter-Dyskoordination.**

Eine große, unerlässliche Hilfe bei der Unterscheidung dieser drei Formen ist das Miktionsprotokoll, das im ersten Kapitel erwähnt und im Anhang (vgl. S. 60) abgebildet ist. Mit diesem Beobachtungsinstrument lassen sich die drei Formen z. T. sehr gut eingrenzen. Die Festlegung auf eine Form ist notwendig, da die Behandlung des Einnässens tags sich grundsätzlich unterscheidet.

3.2 Was versteht man unter einer Dranginkontinenz?

Die Dranginkontinenz ist eine häufige Form des Einnässens und die einzige, bei der Mädchen häufiger betroffen sind als Jungen. Es handelt sich um eine genetisch bedingte Anlagestörung des Blasenhohlmuskels. Im Prinzip muss man sich das so vorstellen, dass die Blase sich nicht langsam füllen lässt, sondern schon bei kleinen Urinmengen anfängt, sich zusammenzuziehen. Deshalb wird die Dranginkontinenz auch als sogenannte Blasen-Instabilität oder sogar als „Überaktive Blase" bezeichnet. Das Zusammenziehen der Blase führt zu einem Druckanstieg, dieser wird als Harndrang wahrgenommen und nicht genügend vom Gehirn (dem zentralen Nervensystem) unterdrückt. Wenn der Drang sehr stark ist, müssen die Kinder sofort auf die Toilette rennen. Wenn dieses nicht möglich ist, setzen viele Kinder spontan sogenannte Haltemanöver ein, sie kneifen die Beine zusammen, wippen hin und her und setzen sich auf die Ferse. Eltern wissen meistens genau, wann Ihr Kind muss und können dies an den Haltemanövern erkennen. Falls das Kind die Toilette nicht rechtzeitig erreicht, kommt es zum Einnässen. Die eingenässten Mengen sind meistens gering, oft ist die Unterhose nur feucht, während Hose oder Kleid trocken bleibt. Dieses kann z. T. mehrfach am Tage, vor allem am Nachmittag auftreten. Durch das häufige Einnässen kleiner Mengen ist die Gefahr für Harnwegsinfekte, vor allem bei Mädchen, erhöht. Seelische Probleme sind bei Kindern mit einer Dranginkontinenz nicht häufig. Wenn sie auftreten, sind sie häufig Folge und nicht Ursache des Einnässens.

3.3 Wie behandelt man die Dranginkontinenz?

Das Ziel der Behandlung ist eine bewusste Wahrnehmung und Kontrolle der Blasenfunktion, ohne das Haltemanöver eingesetzt werden. Über das Training soll also die „überaktive" Blase direkt über das Gehirn gehemmt werden, ohne ein Zusammenziehen des Beckenbodens. Damit Kinder ihre Blase wahrnehmen können, müssen sie verstehen, wo die Blase in ihrem Körper liegt und welche Aufgaben sie erfüllt. Sie können als Eltern nicht davon ausgehen, dass Ihr Kind über seine körperlichen Funktionen Bescheid weiß. Sie müssen ihm erst einmal beigebracht werden.

Das zweite Ziel ist das Training der Wahrnehmung. Die Kinder erhalten eine einfache Aufgabe, nämlich den Harndrang wahrzunehmen und sofort anschließend auf die Toilette zu gehen, ohne Haltemanöver einzusetzen. Anschließend tragen sie in einem Plan ein, ob die Hose nass oder feucht war. Auf Anregung von holländischen Kollegen werden diese Pläne als sogenannte Fähnchenpläne bezeichnet (vgl. Anhang S. 65): Wenn die Hose trocken war, zeichnet das Kind eine Fahne, wenn sie nass war, eine Wolke. Natürlich kann Ihr Kind jedes andere Symbol wählen, Hauptsache, man kann den trockenen Toilettengang vom Einnässen unterscheiden.

Damit der Plan wirksam ist, muss das Kind jederzeit auf die Toilette gehen können. Bitte reden Sie mit den Erzieherinnen im Kindergarten oder Lehrern, so dass das Kind den Unterricht jederzeit verlassen kann, um auf die Toilette zu gehen. Unter keinen Umständen sollte das Kind angehalten werden, den Urin zurückzuhalten. In diesen Fällen wird nämlich der Beckenboden zum Zurückhalten angespannt, was zu weiteren Komplikationen führen kann.

Wenn die Verwendung der Fähnchenpläne erfolgreich verläuft, so nimmt im ersten Schritt die Zahl der Wolken ab, im zweiten Schritt auch die Zahl der Fähnchen. Die Dokumentation ist zum Training der bewussten Wahrnehmung unbedingt notwendig. Denn ohne Dokumentation könnte man die vielen positiven Verläufe nicht nachvollziehen.

3.4 Wann ist eine medikamentöse Behandlung der Dranginkontinenz notwendig?

Nach eigener Erfahrung reichen diese einfachen Maßnahmen bei einem Drittel der Kinder aus. Bei zwei Drittel der Kinder müssen die Pläne mit einer medikamentösen Behandlung verbunden werden. Die Mittel der ersten Wahl heißen Oxybutinin (Dridase®) und Propiverin (Mictonetten®). Falls diese beiden Standardmedikamente nicht wirken, gibt es eine Reihe von anderen Medikamenten, die bisher bei Erwachsenen zugelassen sind, aber auch bei Kindern wirken können.

3.5 Was bewirken diese Medikamente bei der Dranginkontinenz?

Im Prinzip stellen sie die Blase ruhig, d. h., sie verhindern die spontanen Kontraktionen. Dies ist genau das Ziel, das man bei der Behandlung der Dranginkontinenz erreichen möchte. Durch Medikamente wird es bei manchen Kindern überhaupt erst möglich, dass sie mit ihren Plänen Erfolg haben. Die Medikamente erreichen dieses über verschiedene Wege: Zum einen wird die Nervenversorgung zur Blase etwas gedämpft. Zum anderen wird die Muskulatur der Blase entspannt. Zum dritten wird die Schmerzempfindung der Blase reduziert, so dass sie „weniger empfindlich" reagiert.

Wenn man das Medikament langsam einschleicht, sind die Nebenwirkungen gering. Selbst wenn Nebenwirkungen auftreten, sind diese durch eine Reduktion der Dosis reversibel. Die Nebenwirkungen umfassen: trockener Mund, rote Hitzeflecken im Gesicht, Herzjagen und bei manchen Kindern Seh- und Konzentrationsstörungen. Auch Verstopfung und Resturin können verstärkt werden. Bitte fragen Sie Ihren Kinderarzt nach der genauen Dosierung. Die Höchstgrenze von Oxybutinin (z. B. Dridase®) beträgt 0,6 mg pro Kilogramm Körpergewicht pro Tag in drei Dosen und von Propiverin (Mictonetten®) 0,8 mg pro Kilogramm Körpergewicht pro Tag in zwei Dosen. Von beiden Medikamenten sollten bei Kindern nie mehr als 15 mg am Tag gegeben werden. Die genaue Dosierung sollten Sie immer mit Ihrem Kinderarzt besprechen.

3.6 Was ist eine Harninkontinenz bei Miktionsaufschub?

Bei dieser Störung handelt es sich um ein psychisch bedingtes, erlerntes Verhalten, bei dem die Kinder selten auf die Toilette gehen und den Toilettengang aufschieben. In diesen Fällen gehen die Kinder seltener als fünfmal am Tag auf die Toilette, in einzelnen Fällen sogar nur zwei- bis dreimal. In manchen typischen Situationen wie Fernsehen, Spielen, Schule, Nachhauseweg halten die Kinder besonders oft zurück. Häufig haben sie Angst, dass sie etwas verpassen. Dabei setzen sie genau die gleichen Haltemanöver ein, wie Kinder mit einer Dranginkontinenz. Dies bedeutet, dass man die beiden Formen nicht anhand der Haltemanöver unterscheiden kann, sondern ausschließlich an der Häufigkeit des Toilettenganges.

Viele Kinder mit einem Aufschub halten nicht nur den Urin zurück, sondern auch den Stuhl. Deshalb ist auch das Einkoten ein häufiges Problem bei ihnen. Zudem zeigen sie häufig andere Verhaltensauffälligkeiten. Am häufigsten findet man ein sogenanntes oppositionelles Verhalten. Dies bedeutet, dass sie Regeln, Anordnungen, Wünschen der Eltern nicht folgen, sondern sich verweigern. Viele Eltern berichten, dass ihre Kinder trödeln, die Zähne nicht putzen, ihr Zimmer nicht aufräumen, ihre Schulaufgaben verweigern, nicht ins Bett gehen wollen und sogar wählerische, mäklige Esser sind. Falls Ihr Kind solche Symptome zeigt, so ist das Aufschieben des Toilettengangs als Teil dieses oppositionellen Verhaltens zu verstehen. Falls Ihr Kind keine weiteren Symptome zeigt, kann es sich auch nur um eine angelernte Angewohnheit handeln, die sich „eingeschliffen" hat und aus Bequemlichkeit von Ihrem Kind fortgeführt wird.

3.7 Wie behandelt man die Harninkontinenz bei Miktionsaufschub?

Das Prinzip der Behandlung ist sehr einfach: Die Häufigkeit der Toilettengänge und der Blasenentleerungen müssen erhöht werden. Das vereinbarte Ziel ist es, dass Ihr Kind mindestens siebenmal am Tag auf die Toilette geht. Dies bedeutet, dass es alle zwei bis drei Stunden die Blase entleeren sollte. Am besten ist es, wenn Ihr Kind von selbst auf die Toilette geht. Wenn es nicht freiwillig geht, müssen Sie es schicken. Die Toilettengänge werden in einem Plan vermerkt, so dass Ihr Kind am Ende des Tages kontrollieren kann, ob es die Zahl 7 erreicht hat oder nicht. Natürlich sollten in den Plänen auch die Einnässepisoden vermerkt werden. Als Beispiel ist ein solcher Wochenplan im Anhang (vgl. S. 66) abgebildet.

Wenn Ihr Kind sich an diese Pläne hält, ist die Wahrscheinlichkeit sehr groß, dass das Einnässen aufhört. Jüngere Kinder benötigen häufig eine Erinnerung durch die Eltern. Sie sollten also nicht zögern, Ihr Kind nach Ablauf dieser Zeit an den Toilettengang zu erinnern und es dahin zu schicken. Ältere Kinder und Jugendliche finden es oft hilfreich, z. B. durch eine Digitaluhr (oder durch das Handy) erinnert zu werden. Man kann die Uhr oder das Handy so einstellen, dass sie/es nach zwei bis drei Stunden klingelt oder vibriert und das Kind darauf aufmerksam macht, dass die Zeit für einen Toilettengang wieder gekommen ist.

Um das Kind weiter zur Mitarbeit zu motivieren, kann die Kooperation des Kindes durch kleine Belohnungen verstärkt werden. Niemals sollte man große Belohnungen in Aussicht stellen, sondern eher kleinere, häufige Belohnungen (wie Sticker, Kärtchen und dergleichen) bei Zwischenerfolgen. So kann man vereinbaren, dass es am Ende des Tages einen Sticker bekommt, wenn das Kind siebenmal auf die Toilette gegangen ist. Niemals sollte man das Trockensein oder Einnässen an sich verstärken, sondern nur die Mitarbeit, die ein Kind vollkommen willentlich kontrollieren kann.

Die Behandlung des Miktionsaufschubes kann schwierig werden, wenn das Kind weitere Verhaltensprobleme zeigt, d. h., wenn der Aufschub nicht als einziges Symptom vorhanden ist, sondern das Kind sich auch in anderen Bereichen verweigert. Wenn Ihr Kind ein oppositionelles Verhalten zeigt, wird es unter Umständen auch die Mitarbeit bei den Plänen verweigern. In diesen Fällen ist es unbedingt notwendig, einen Kinderpsychiater, Kinderpsychologen oder eine Erziehungsberatungsstelle aufzusuchen, damit die allgemeinen Verhaltensprobleme mitbehandelt werden. Aus eigener Erfahrung zeigen viele Kinder mit einem Miktionsaufschub auch Aufmerksamkeitsprobleme (eine sogenannte Aufmerksamkeitsdefizit-/Hyperaktivitätsstörung – ADHS), so dass zumindest einige von einer medikamentösen Behandlung profitieren könnten. In jedem Fall sollte eine genaue Abklärung auch dieser weitergehenden Probleme vor einer Behandlung erfolgen.

3.8 Was ist eine Dyskoordination?

Die Dyskoordination ist zum Glück seltener als die Dranginkontinenz und die Harninkontinenz bei Miktionsaufschub. Sie kann sich jedoch aus beiden entwickeln. Bei der Dyskoordination handelt es sich um eine Störung der Blasenentleerung. Das Prinzip der Störung lässt sich leicht verstehen, wenn man sich die normale Blasenentleerung vergegenwärtigt. Normalerweise entspannt der Schließmuskel vollkommen, während der Blasenhohlmuskel sich zusammenzieht und die Blase sich entleert. Bei der Dyskoordination geschieht genau das Gegenteil: Anstatt sich zu entspannen, kontrahiert sich der Schließmuskel während des Wasserlassens. Deshalb müssen die Kinder pressen, um gegen den Widerstand des Schließmuskels die Blasenentleerung in Gang zu bringen. Das Wasserlassen wird mehrfach unterbrochen, da der Schließmuskel sich immer wieder anspannt. Dies erklärt die zwei wichtigsten Symptome: nämlich das Pressen zu Beginn der Blasenentleerung und der unterbrochene Harnfluss.

Die Dyskoordination ist die Form mit den häufigsten und ausgeprägtesten medizinischen Nebenwirkungen, da der Blaseninnendruck erhöht ist, die Blase sich nicht vollständig entleert (Resturin) und sogar zu der Niere zurückfließen kann (Reflux). Es ist deshalb von größter Bedeutung, dass diese Form erkannt wird. Falls Ihr Kind also presst und der Harnfluss unterbrochen ist, gehen Sie bitte sofort zum Kinderarzt und lassen dies untersuchen.

Die Dyskoordination stellt ein erlerntes Verhalten dar, das sich aus einer Dranginkontinenz oder einem Miktionsaufschub entwickelt, aber auch spontan auftreten kann. Es scheint nicht genetisch bedingt zu sein. Etwa die Hälfte der Kinder zeigt nur dieses Symptom und keine weiteren Verhaltensauffälligkeiten. Die andere Hälfte der Kinder weist jedoch auch weitergehende psychische Probleme auf.

3.9 Wie behandelt man die Dyskoordination?

Die Dyskoordination muss in Spezialzentren abgeklärt und behandelt werden, um weitere Komplikationen zu vermeiden. Die Grundprinzipien sind: Den Kindern wird zunächst die Lage und Funktion der Blase erklärt. Sie werden angehalten, mindestens siebenmal am Tag auf die Toilette zu gehen, entspannt Wasser zu lassen und keine Haltemanöver einzusetzen.

Zusätzlich erfolgt ein sogenanntes Biofeedback-Training. Beim Biofeedback werden der Harnfluss und/oder die Anspannung im Beckenboden registriert und den Kindern zeitgleich wiedergespiegelt. Dazu sitzen die Kinder z. b. auf einer Spezialtoilette, auf der der Harnfluss gemessen werden kann. Während des Wasserlassens schauen die Kinder auf einen Monitor und können sehen, wie ihre Blasenentleerung verläuft. Über Aufkleber auf dem Po kann auch die Anspannung des Beckenbodens abgeleitet werden. Die Aktivität des Beckenbodens kann entweder über einen Lautsprecher gehört oder über einen Monitor gesehen werden. Inzwischen gibt es sehr ansprechende kindgerechte Animationen, die die Mitarbeit steigern. Durch diese Rückkopplung („Biofeedback") lernen Kinder ganz natürlich Ihre Körperfunktionen kennen und ihren Beckenboden und Schließmuskel während der Blasenentleerung zu entspannen.

Mehrere Untersuchungen haben zeigen können, dass diese Behandlung sehr wirksam ist. Neuerdings wird auch ein Biofeedback im häuslichen Rahmen mit kleinen, tragbaren Geräten angeboten. Dabei kann jedoch nur die Anspannung des Beckenbodens, nicht jedoch der Harnfluss an sich trainiert werden. Als Eltern sollten Sie diese Trainings nie alleine, sondern nur unter Überwachung und Anleitung von Experten durchführen, um zu einem möglichst raschen Erfolg zu kommen.

3.10 Was versteht man unter Schulungsprogrammen?

Für die meisten Kinder mit Ausscheidungsproblemen reichen die oben beschriebenen Behandlungen vollkommen aus. Falls Ihr Kind weiterhin einnässt oder einkotet, müssen sie nicht verzweifeln. Inzwischen wurden Schulungsprogramme für Kinder mit einem chronischen, behandlungsresistenten Einnässen und Einkoten entwickelt (Equit, Sambach, Niemczyk & von Gontard, 2012). Dazu werden Jungen und Mädchen getrennt in Kleingruppen an ca. sechs Terminen ambulant behandelt. Sie erhalten in den Sitzungen

Informationen über Ihren Körper, über das Einnässen und Einkoten, über Trinken, Nahrung und Entspannung. Zudem sollen sie während der Zeit bis zur nächsten Sitzung Aufgaben zu Hause durchführen. Durch den Austausch mit anderen betroffenen Kindern steigt das Selbstvertrauen und die Motivation – und bei vielen tritt mit neugewonnener Zuversicht die erwünschte Trockenheit und Sauberkeit ein. Der Vorteil der Schulungen ist es, dass die Kinder in ihrem gewohnten Umfeld bleiben. Diese erfolgreichen Programme zeigen, dass die früher empfohlenen Kuraufenthalte nicht notwendig sind – und stationäre Klinikaufenthalte nur sinnvoll sind, wenn schwere psychische Störungen vorliegen.

3.11 Warum sollte das Einnässen tags zuerst behandelt werden?

In diesem Kapitel wurde das etwas komplizierte Problem des Einnässens tags ausführlich behandelt. Wir hoffen, dass Sie als Eltern nicht verwirrt sind, sondern vielleicht durch die Kenntnis Ihres Kindes schon jetzt einen Verdacht auf eine bestimmte Form haben. Sie können Ihrem Kinderarzt mit Sicherheit in der Zuordnung helfen, wenn Sie das Toilettenverhalten Ihres Kindes – und vor allem die Häufigkeit des Wasserlassens – kennen und angeben können. Eine Zuordnung ist so wichtig, da sich die Behandlung der einzelnen Formen grundsätzlich unterscheidet.

Erst wenn Ihr Kind tagsüber vollkommen trocken geworden ist und alle oben genannten Symptome verschwunden sind, sollten Sie überhaupt erwägen, das nächtliche Einnässen zu behandeln. Wenn Sie dieses nicht tun, werden Sie die Blasenfunktionsprobleme des Einnässens tags „verschleppen", die Komplikationsrate bei der Behandlung des Einnässens nachts wird ansteigen und die Erfolgsrate geringer sein. Um sich und Ihrem Kind also Ärger und Frustration zu ersparen sollten Sie bitte warten, bis Ihr Kind tagsüber vollkommen trocken ist. Wenn Sie durch das Waschen der vielen Bettwäsche belastet sind – ziehen Sie in der Zwischenzeit Ihrem Kind nachts eine Windel an und „vergessen" Sie das nächtliche Einnässen, bis es tags trocken ist.

4 Einnässen nachts

Nässt Ihr Kind nur nachts ein? Wenn ja, dann sind Sie in diesem Kapitel richtig. Falls es zusätzlich einkotet, gehen Sie bitte zu Kapitel 2 zurück, falls es auch tagsüber einnässt, lesen Sie bitte Kapitel 3.

In diesem Kapitel wird das einfache, „monosymptomatische" nächtliche Einnässen ausführlicher dargestellt, da es sich um die häufigste Form des Einnässens überhaupt handelt und mit guten Behandlungserfolgen assoziiert ist.

4.1 Was versteht man unter einem einfachen nächtlichen Einnässen?

Der Fachausdruck lautet: monosymptomatische Enuresis nocturna. Dieser komplizierte Ausdruck besagt, dass das Kind als einziges Symptom (monosymptomatisch) nur nachts einnässt und tagsüber keinerlei Zeichen einer Blasenfunktionsstörung zeigt.

4.2 Was sind typische Zeichen des einfachen nächtlichen Einnässens?

Typischerweise schlafen Kinder sehr tief und sind schwer erweckbar. Manche Eltern berichten, dass es fast unmöglich ist, ihr Kind wach zu bekommen. Vielleicht ist Ihnen dieses auch vertraut. Zusätzlich nässen die meisten Kinder große Mengen Urin ein, d. h. entweder „schwimmt" das Bett oder die Windel ist am nächsten Morgen schwer und klitsch nass.

Die Blasenfunktion ist tags wie auch nachts vollkommen normal, d. h. die Blase lässt sich ohne Probleme füllen und entleert sich ohne Auffälligkeiten. Die Kinder gehen also altersentsprechend häufig auf die Toilette (fünf- bis siebenmal pro Tag), verspüren keine Drangsymptome, schieben die Miktion nicht hinaus, setzen keine Haltemanöver ein und können die Blase ohne Unterbrechung entleeren.

4.3 Was versteht man unter einem nicht mono-symptomatischen nächtlichen Einnässen?

Falls Ihr Kind irgendeines dieser letztgenannten Symptome aufweist, dann ist es eben kein einfaches Einnässen, sondern ein sogenanntes nicht mono-symptomatisches nächtliches Einnässen. Dies bedeutet, dass die Kinder zwar nur nachts einnässen, aber ansonsten die gleichen Symptome zeigen, die auch tags einnässende Kinder aufweisen. In diesem Fall sollten Sie sich das Kapitel 3 genau durchlesen. Dies ist wichtig, da alle Symptome tags (auch ohne Einnässen) zuerst behandelt werden müssen. Wenn dieses nicht befolgt wird, verläuft die Behandlung des nächtlichen Einnässens oft komplizierter und erfolgloser. Alle weiteren Ausführungen beziehen sich auf das einfache nächtliche Einnässen.

4.4 Welche Formen des einfachen nächtlichen Einnässens gibt es?

Wie schon in Kapitel 1 erwähnt, unterscheidet man zwischen Kindern, die noch nie trocken gewesen sind (primäres nächtliches Einnässen) und Kindern, die schon mindestens sechs Monate hintereinander trocken gewesen sind und dann einen Rückfall erlitten haben. Letzteres wird als sekundäres nächtliches Einnässen bezeichnet.

Diese Unterscheidung ist wichtig, da Kinder, die noch nie trocken gewesen sind, seltener psychische Auffälligkeiten zeigen – nicht viel häufiger als in der Bevölkerung. Dagegen sind Kinder, die einen Rückfall erlitten haben, häufig sehr viel belasteter. Es ist bekannt, dass verschiedene Lebensereignisse wie Trennung der Eltern, Umzug, Verlust eines geliebten Menschen, aber auch Schuleintritt einen Rückfall auslösen können. Auch ist die Rate von psychischen Auffälligkeiten bei dieser Gruppe von Kindern deutlich erhöht. Dieses muss beachtet werden, da einige Kinder mit einem sekundären Einnässen tatsächlich oft weitere psychotherapeutischer Hilfen benötigen. Ansonsten unterscheidet sich die Behandlung bei den primären und sekundären Formen überhaupt nicht, so dass die Therapie für beide Formen gemeinsam dargestellt werden kann.

4.5 Was ist die Ursache für das einfache nächtliche Einnässen?

Wie schon im ersten Kapitel erwähnt, handelt es sich beim nächtlichen Einnässen nicht um eine psychisch bedingte Störung. Sauberkeitstraining wie auch Erziehungsverhalten der Eltern spielen als Ursachen keine Rolle. Wie auch oben erwähnt, ist die Blasenfunktion beim monosymptomatischen nächtlichen Einnässen tags wie auch nachts völlig normal. Es liegt also keine Erkrankung oder Störung der Blase vor.

Stattdessen handelt es sich um eine genetisch bedingte, d. h. vererbte Reifungsstörung des zentralen Nervensystems, d. h. des Gehirns. Verschiedene Komponenten, die alle vom Gehirn gesteuert werden, tragen dabei zum Einnässen bei:

1. Viele einnässende Kinder produzieren nachts mehr Urin als ihre nicht einnässenden Altersgenossen. Diese vermehrte Urinbildung (Fachausdruck: Polyurie) wird durch eine Verschiebung des Tag-Nacht-Rhythmus eines Hormons bedingt. Dieses Hormon heißt antidiuretisches Hormon oder abgekürzt ADH. Wie der Name schon besagt, hält es den Urin zurück, die Urinproduktion wird gedrosselt. Bei manchen, nicht jedoch allen Kindern, wird nachts etwas weniger Hormon ausgeschüttet, was mit einer vermehrten Urinbildung im Schlaf verbunden ist. In keinem Fall handelt es sich um einen Mangel des Hormons, sondern lediglich um eine tageszeitliche Verschiebung.

2. Die vermehrte Urinbildung erhöht zwar das Risiko eines nächtlichen Einnässens, reicht aber zur Erklärung nicht aus. So weiß man, dass auch in der Bevölkerung viele Kinder nachts vermehrt Urin bilden, aber nicht einnässen: Sie wachen auf und gehen zur Toilette oder schlafen mit voller Blase durch. Deshalb ist eine andere Komponente notwendig, nämlich eine erschwerte Erweckbarkeit bei tiefem Schlaf. In Weckversuchen mit Lautstärken bis zu 120 Dezibel (die Lautstärke von Düsenflugzeugen) konnte gezeigt werden, dass nur 9 % der einnässenden Kinder, jedoch 40 % der nicht einnässenden Kinder erweckbar

waren. Diese Untersuchungen zeigen eindeutig, dass Eltern in ihren Beobachtungen völlig Recht haben. Viele Eltern schildern, sie könnten neben dem Bett ihres Kindes noch so laut Krach machen, es würde einfach nicht aufwachen.

3. Die dritte Ursache des nächtlichen Einnässens ist eine fehlende Unterdrückung des Blasenentleerungsreflexes. Normalerweise schafft es das Gehirn, die beginnende Entleerung der Blase zu unterdrücken und die Kinder durchschlafen zu lassen. Auch diese Funktion scheint bei Kindern mit einem einfachen nächtlichen Einnässen gestört zu sein.

Alle drei Komponenten (vermehrte Urinbildung, erschwerte Erweckbarkeit und fehlende Unterdrückung der Blasenentleerung) sind genetisch bedingt. Man weiß, dass 60 bis 80 % aller Kinder weitere Verwandte haben, die ebenfalls einnässen oder eingenässt haben. Auch nässen sehr viel mehr eineiige als zweieiige Zwillinge ein. Zudem wurden in den letzten Jahren mehrere Genorte mit molekulargenetischen Methoden identifiziert, die die Einnässgene tragen.

Diese Erklärung des nächtlichen Einnässens ist für viele Eltern beruhigend und entlastend. Auch Kinder reagieren sehr positiv, wenn sie erfahren, dass ihre Eltern ebenfalls eingenässt haben. Von daher sollten alle Fragen zur Ursache des nächtlichen Einnässens mit den Kindern offen besprochen werden.

4.6 Was sollte man beim nächtlichen Einnässen abklären?

Auch dieses wurde bereits im ersten Kapitel ausführlich dargestellt. Die Rate von medizinischen Komplikationen ist beim nächtlichen Einnässen sehr gering, dennoch sollten Sie Ihr Kind mindestens einmal von Ihrem Kinderarzt untersuchen lassen. Neben der Erhebung der Vorgeschichte empfehlen wir ein Miktionsprotokoll (vgl. Anhang, S. 60), da hiermit die besonderen nicht monosymptomatischen Formen des nächtlichen Einnässens gut erkannt werden können. Ferner ist eine körperliche Untersuchung unbedingt notwendig. Eine Ultraschall- und Urinuntersuchung runden die Abklärung ab. In den allermeisten Fällen sind weitere Untersuchungen nicht erforderlich und sollten bei keinem Kind ohne Grund veranlasst werden.

4.7 Wie behandelt man das nächtliche Einnässen?

Auch beim nächtlichen Einnässen sollte man mit einfachen Mitteln beginnen. Wenn diese nicht ausreichen, sollten stufenweise die nächsten Schritte geplant und durchgeführt werden.

4.8 Was versteht man unter einfachen Behandlungsschritten?

Am Anfang jeder Behandlung steht natürlich eine genaue Abklärung. Wenn es sich eindeutig um ein monosymptomatisches nächtliches Einnässen handelt, sollten Kinder (und Eltern) informiert werden. Für viele Familien ist es sehr entlastend zu wissen, dass sie keine Schuld an dem Einnässen tragen, sondern, dass es sich um eine gut behandelbare Störung handelt, die von Geburt an angelegt ist.

Deshalb sollten zunächst alle nicht wirksamen Maßnahmen unterlassen werden. Oft haben Eltern einen langen Leidensweg hinter sich und greifen in ihrer Verzweiflung zu Maßnahmen und Methoden, die sich als unwirksam erwiesen haben. Auf alles Unwirksame sollte natürlich verzichtet werden.

4.9 Was sind unwirksame Behandlungsmethoden?

Viele Eltern meinen, dass ihr Kind weniger einnässen würde, wenn es weniger trinkt. Sie verbieten deshalb ihren Kindern, nachmittags und abends zu trinken. Diese Flüssigkeitseinschränkung wird leider immer noch von Therapeuten und einigen Ärzten empfohlen, obwohl sie sich als völlig unwirksam erwiesen hat. Im Gegenteil: Viele Kinder trinken eher zu wenig als zu viel.

Wie oben erwähnt, ist das nächtliche Einnässen nicht durch einen Überschuss an Flüssigkeit bedingt, sondern durch eine vermehrte Urinbildung plus erschwerter Erweckbarkeit (oder fehlender Unterdrückung des Entleerungsreflexes) – alles Faktoren, die durch eine Flüssigkeitseinschränkung nicht beeinflusst werden können. Nur wenn Ihr Kind große Mengen (vor allem koffeinhaltiger) Flüssigkeit abends trinkt, sollten Sie dieses einschränken. Ansonsten lassen Sie Ihr Kind bitte soviel trinken, wie es möchte.

Nächtliches Wecken ist eine weitere beliebte Methode der Eltern, vor allem, da es ihnen das Gefühl gibt, etwas für ihr Kind tun zu können. Manche Eltern wecken ihr Kind und schicken es auf die Toilette, bevor sie selber einschlafen. In extremen Fällen stellen sie sich den Wecker und stehen mehrfach pro Nacht auf, um ihr Kind so vor dem Einnässen zu bewahren.

Eine andere beliebte und unwirksame Methode ist das sogenannte Abhalten. Dabei wird das Kind nicht geweckt, sondern im Tiefschlaf aus dem Bett zu der Toilette getragen, dort „abgehalten" und nach dem Wasserlassen wieder zum Bett zurück getragen. Diese Methoden können zwar dazu beitragen, dass diese individuelle Nacht trocken bleibt, sie schaffen es aber nicht, dass das Kind von selbst langfristig trocken wird und bleibt. Aus diesem Grund verzichten Sie bitte auf das Wecken und Abhalten.

Ferner setzen viele Eltern unwirksame Hausmittel und Medikamente ein – z. T. aus gutem Willen, z. T. auch von Ärzten und Therapeuten empfohlen. So ist das Einreiben der Oberschenkel mit Johanniskrautöl ebenso unwirksam wie viele pflanzliche Mittel oder nicht angezeigte Medikamente. Bitte setzen Sie zu Beginn der Behandlung in Absprache mit Ihrem Kinderarzt alle bisherigen, unnötigen Mittel ab. Wichtige Medikamente, wie z. B. Antibiotika bei Harnwegsinfekten, müssen selbstverständlich weiter genommen werden.

Selbst Belohnungen können unter Umständen unwirksam sein, insbesondere wenn sie unangemessen an nicht erreichbare Ziele gebunden sind. Das nächtliche Einnässen erfolgt immer unwillkürlich, d. h. es steht nicht unter der willentlichen Kontrolle des Kindes. Es kann für das Kind sehr frustrierend sein, wenn es sich anstrengt, trotzdem einnässt und deshalb eine Belohnung nicht bekommt. Deshalb sollte niemals das Trockenwerden an sich belohnt werden, sondern immer nur die Mitarbeit des Kindes, denn das Letztere kann es ja beeinflussen. Auch können unangemessen große Belohnungen frustrierend wirken. So wurde einem Kind in Aussicht gestellt, dass es ein Fahrrad bekommt, wenn es trocken wird. Sehr viel günstiger ist es, kleinere Belohnungen als Verstärker für eine gute Mitarbeit einzusetzen, falls dieses notwendig ist.

Natürlich sollte ein Kind auch nicht bestraft werden. Leider kommt es immer noch vor, dass Eltern in ihrer Verzweiflung ihr Kind bestrafen mit Worten, Liebesentzug, aber auch mit körperlichen Schlägen und oder anderen Bestrafungen. Bitte machen Sie sich wiederum klar, dass Ihr Kind wirklich nichts dafür kann, wenn es nachts einnässt und jede Strafe ungerecht und unwirksam ist. Durch Strafen werden Sie vor allem Ihr Kind, aber auch sich selber schädigen.

Stattdessen sollten Sie alles tun, um die Situation für sich und Ihr Kind zu entspannen. Versuchen Sie, den Druck zu reduzieren. Alles, was zur Entlastung der Familie beiträgt, ist erlaubt. So können Sie weiterhin die Gummiunterlagen verwenden, damit die Matratze nicht nass wird. Wenn es für Sie und Ihr Kind einfacher ist, benutzen Sie bitte auch in dieser Zeit Wegwerfwindeln. Versuchen Sie auch, möglichst viel Positives mit Ihrem Kind zu erleben – gerade wenn die Zeiten vorher für alle schwierig waren. Nachdem Sie alles Unnötige „über Bord geworfen haben", kann eine Beobachtungszeit mit Kalenderführung für viele Kinder hilfreich sein.

4.10 Was versteht man unter Kalenderführung?

Es hat sich bewährt, in der Anfangszeit Kinder zu bitten, vier Wochen lang in einen Kalender einzuzeichnen, ob die Nacht nass oder trocken war. Häufig verwenden Kinder die Symbole einer Wolke für die nassen Nächte und einer Sonne für die trockenen Nächte. Von daher hat sich der Begriff „Sonne-Wolken-Kalender"(vgl. Anhang S. 67) eingebürgert. Natürlich darf Ihr Kind jedes andere Symbol wählen, das ihm besser gefällt – Hauptsache, man kann die nassen von den trockenen Nächten unterscheiden.

Bei 15 bis 20 % der Kinder reichen diese einfachen Maßnahmen, gekoppelt an eine Kalenderführung, vollkommen aus. Sie werden so trocken und das Problem hat sich ohne weitere Behandlungsschritte gelöst.

Es gibt zwei Situationen, in denen man von den empfohlenen vier Wochen abweichen sollte. Wenn Sie sehen, dass Ihr Kind jede Nacht einnässt und nur Wolken auf seinem Kalender hat, sollten Sie die Kalenderführung nach ein bis zwei Wochen abbrechen. Jeder Mensch braucht Erfolgserlebnisse und wenn keine Veränderung zu sehen ist, ist die Kalenderführung auch nicht sinnvoll.

Wenn Ihr Kind andererseits nach vier Wochen eine deutliche Reduktion der nassen Nächte zeigt, aber noch nicht ganz trocken geworden ist, kann die Kalenderführung für weitere Wochen bis Monate fortgeführt werden. Jedes Kind ist anders, manche brauchen eben länger als vier Wochen und sollten die Zeit dazu bekommen. Falls nach der Kalenderführung keine eindeutige Verbesserung zu verzeichnen ist, erfolgt der nächste Schritt, nämlich die Behandlung mit einem Klingelgerät.

4.11 Was versteht man unter einem Klingelgerät?

Die Behandlung mit einem Klingelgerät steht nach der Kalenderführung an erster Stelle, weil es mit Abstand die wirksamste Methode in der Behandlung des nächtlichen Einnässens ist. Viele Studien haben gezeigt, dass 60 bis 80 % aller Kinder trocken werden, wenn die Behandlung korrekt durchgeführt wird. Leider ist es häufig der Fall, dass Eltern mit einem Klingelgerät alleine gelassen werden und die Behandlung vorzeitig abbrechen oder nicht korrekt durchführen.

Das Prinzip eines Klingelgerätes ist sehr einfach. Es besteht aus einem Feuchtigkeitsfühler, einem Kabel und einer Klingel. Wenn der Feuchtigkeitsfühler nass wird, wird ein Stromkreis geschlossen und eine Batterie löst ein Klingelgeräusch aus.

4.12 Welche Formen von Klingelgeräten gibt es?

Im Prinzip stehen zwei verschiedene Gerätetypen zur Verfügung: tragbare Geräte (die sogenannte Klingelhose) und Bettgeräte (die sogenannte Klingelmatte).

Bei den modernen tragbaren Geräten handelt es sich nicht um eine „Hose", sondern um einen Feuchtigkeitsfühler, der z. B. mit einem Druckknopf an einer Unterhose in der Nähe des Genitales befestigt wird. Das Kabel führt zu einer Klingel, die in der Nähe des Ohres an einer Stofffalte des Schlafanzuges festgeklemmt werden kann. Die Klingeln sind inzwischen sehr ansprechend gestaltet, z. T. auch kindgerecht in Form einer Maus, und haben auch eine Vibrationsfunktion.

Die Bettgeräte bestehen aus einem Feuchtigkeitsfühler, der unter das Bettlaken ins Bett gelegt wird. Dieser Fühler besteht entweder aus einer beschichteten Aluminiumfolie, oder aus einem Stoff mit eingenähten Drähten. Das Kabel wird an die Matte angeschlossen und führt zu einer ebenfalls batteriebetriebenen Klingel, die neben das Bett gestellt wird.

Mehrere Untersuchungen haben zeigen können, dass beide Geräte gleich wirksam sind. Die Auswahl sollte deshalb den Kindern überlassen werden. Aus eigener Erfahrung werden die tragbaren Geräte eher von jüngeren Kindern bevorzugt. Zudem können sie auch mit einer Windel eingesetzt werden. Der Feuchtigkeitsfühler wird an einer Unterhose festgemacht, darüber wird, wie üblich, die Windel angezogen. Dies ist natürlich bei den Bettgeräten nicht möglich. Die Flüssigkeit muss ja durch den Schlafanzug und das obere Bettlaken fließen, um das Klingelgerät auszulösen. Bettgeräte werden von älteren Kindern und Jugendlichen bevorzugt, die in fast allen Fällen ungern eine Klingel am Körper tragen. Zudem sind Bettgeräte häufig lauter als die tragbaren Geräte, was sich bei der erschwerten Erweckbarkeit positiv auswirkt. Ansonsten sind beide Geräte in ihrer Wirkungsweise völlig vergleichbar.

Dagegen bringen Funkgeräte keinen zusätzlichen Vorteil. Bei diesen wird ein Funksensor in eine Einlage gesteckt, der bei Feuchtigkeit ein Signal an eine Klingel sendet, die auch weiter entfernt sein kann. Funkgeräte sind nur sinnvoll, wenn das Kinderzimmer weit weg vom Elternzimmer liegt oder Geschwister nicht geweckt werden sollen.

Sie erhalten die Geräte über ein Rezept Ihres Kinderarztes. Auf dem Rezept muss die Diagnose vermerkt werden (z. B. Enuresis nocturna). Auch die genaue Geräteart, Bezeichnung und Hersteller sollte aufgeschrieben werden. Sie können das Gerät dann in einer Apotheke oder einem Sanitätshaus bestellen.

4.13 Wann sollte eine Behandlung mit einem Klingelgerät durchgeführt werden und wann nicht?

Das Klingelgerät ist die wirksamste Behandlungsmethode und sollte deshalb zumindest erwogen werden. Bestimmte Voraussetzungen müssen jedoch erfüllt sein, damit sie zum Erfolg führt. Wie schon oben erwähnt, sollten ein Einkoten, ein Einnässen tags, wie auch Blasenfunktionsstörungen tags (ohne Einnässen) immer zuerst behandelt werden.

Ganz entscheidend ist die Motivation des Kindes. Wenn das Kind nicht unter dem Einnässen leidet und kein Interesse hat, dass es verschwindet, wird die Erfolgsrate gering sein. Ganz besonders schwierig sind Situationen, in denen Sie als Eltern den Hauptdruck zum Trockenwerden verspüren, während es Ihrem Kind egal ist. In solchen Situationen wird das Klingelgerät abends zu Streit und Auseinandersetzungen beitragen. Wenn Ihr Kind also nicht zu einer solchen Behandlung motiviert ist, ist es ratsamer, abzuwarten, bis es tatsächlich das Einnässen leid ist und trocken werden will. Alternativ kann man natürlich eine Behandlung mit einem Medikament durchführen.

Auch von Elternseiten müssen manche Bedingungen für eine erfolgreiche Behandlung mit einem Klingelgerät vorhanden sein. Im Prinzip handelt es sich um eine „Familientherapie", da gerade jüngere Kinder die aktive Mitarbeit der Eltern benötigen. Erfahrungsgemäß schlafen Kinder nach dem Klingeln und Aufwachen meistens problemlos wieder ein. Dagegen klagen viele Mütter über die negativen Auswirkungen des Schlafverlustes. Wenn Eltern nicht genügend schlafen, angespannt sind und der Stress in der Familie ansteigt, ist keinem geholfen. Auch in diesen Fällen sollte dann eher eine Behandlung mit einem Medikament erwogen werden.

Auf folgende weitere Situationen sollten Sie als Eltern besonders achten: Wenn Sie nachts einen Säugling oder ein jüngeres Geschwisterkind zu versorgen haben und sowieso aufstehen, wird eine zusätzliche Klingelbehandlung Sie überfordern. Wenn Sie beruflich sehr stark eingespannt sind und Ihren nächtlichen Schlaf brauchen, sollten Sie sich dieses ebenfalls genau überlegen. Auch sollten Sie genau abwägen, ob Sie die Behandlung mit einem Klingelgerät lang genug durchhalten können. Im Allgemeinen sollte eine Klingelgerätbehandlung maximal 16 Wochen durchgeführt werden. Haben Sie die Muße und Bereitschaft, diesen Einsatz für Ihr Kind zu leisten? Wenn ja und wenn Ihr Kind motiviert ist, dann sind die Bedingungen optimal.

4.14 Wie wird eine Klingelgerätbehandlung durchgeführt?

Auch dies sollten Sie mit Ihrem Kind genau besprechen, so dass es über alle Schritte informiert ist. Der Ablauf ist relativ einfach. Schicken Sie Ihr Kind vor dem Schlafengehen noch einmal auf die Toilette, so dass die Blase ganz leer ist. Das Klingelgerät wird angelegt. Beim tragbaren Gerät wird der

Feuchtigkeitsfühler an der Unterhose befestigt und die Klingel am Schlafanzug. Beim Bettgerät kommt der Fühler unter das oberste Bettlaken, die Klingel neben das Bett. Das Kind schläft ein und wenn es sich um eine trockene Nacht handelt – geschieht gar nichts. Das Klingelgerät kann am nächsten Morgen wieder abgenommen und ausgestellt werden.

Wenn es jedoch zum Einnässen kommt, fängt die Klingel an zu läuten. Ihr Kind soll versuchen, möglichst rasch aufzustehen und wach zu werden. Gerade bei jüngeren Kindern ist Ihre Mitarbeit als Eltern unbedingt erforderlich. Damit die Klingelgerätbehandlung wirksam sein kann, ist es wirklich notwendig, dass Ihr Kind in zeitlicher Bindung zum Klingeln wach wird und die weiteren Abläufe bewusst wahrnimmt. Es ist dabei nicht notwendig, dass das Kind durch das Klingeln selber wach wird. Es genügt, wenn Sie es wecken – Hauptsache, kurz nach dem Klingeln. Manche Kinder benötigen ein Rütteln und Schütteln, manche sogar einen feuchten Waschlappen.

Anschließend soll Ihr Kind auf die Toilette gehen, dort den Rest in die Toilette machen und eine neue Unterhose bzw. einen neuen Schlafanzug anziehen. Das Klingelgerät wird getrocknet, wieder angelegt und angestellt. Wenn dies zweimal pro Nacht geschehen sollte, muss die gleiche Prozedur wiederholt werden.

Ganz wichtig ist es, den Ablauf in einem Protokoll zu vermerken. Wichtige Informationen bei den trockenen Nächten sind, ob Ihr Kind bei voller Blase spontan aufsteht (d. h. ohne Klingeln) und auf die Toilette geht. Bei den nassen Nächten sollte Zeitpunkt des Klingelns vermerkt werden, außerdem sollte notiert werden, ob Ihr Kind von selbst wach oder durch Sie geweckt wurde, ob die Einnässmenge klein, mittel oder groß war und ob Ihr Kind noch einen Rest in die Toilette lassen konnte. Diese Informationen sind deshalb wichtig, da sie Zwischenschritte auf dem Weg zur Trockenheit anzeigen. So ist es positiv zu sehen, wenn Ihr Kind von selber aufwacht, die Einnässmengen nachlassen und es den Rest in die Toilette macht.

Um erfolgreich zu sein, muss das Klingelgerät jede Nacht konsequent eingesetzt werden, bis Ihr Kind 14 Tage hintereinander trocken geblieben ist. Danach ist Ihr Kind definitionsgemäß trocken geworden. Sie sollten das Gerät nicht wegwerfen, sondern verstauen, falls es zu einem Rückfall kommen sollte.

Insgesamt muss man mit dem Klingelgerät etwas Geduld haben. Es gibt extrem schnelle Kinder, die schon nach drei Wochen trocken sind. Andere benötigen eine längere Zeit, meistens zwischen sechs bis zehn Wochen. Vereinzelt brauchen Kinder noch länger, denn jedes Kind ist ein Individuum und benötigt eben seine individuelle Zeit.

Falls Ihr Kind nach 16 Wochen (vier Monaten) noch nicht trocken geworden ist, gibt es zwei Möglichkeiten: Entweder besprechen Sie mit Ihrem Kinderarzt eine Änderung des Programms oder aber Sie setzen das Klingelgerät ganz ab. Erfolglose Versuche über vier Monate hinweg sind für Sie, als Eltern, wie auch für Ihr Kind nur demotivierend und nicht zu empfehlen. Eher ist es günstiger, eine andere Therapieform (z. B. mit Medikamenten) einzuschieben, und vielleicht zu einem späteren Zeitpunkt einen erneuten Versuch zu starten.

4.15 Wie erfolgreich ist die Klingelgerätbehandlung und wie funktioniert sie?

Verschiedene Studien haben zeigen können, dass ca. 70 % aller Kinder unter einer korrekt durchgeführten Behandlung mit dem Klingelgerät trocken werden. Anders ausgedrückt heißt das auch, dass 30 % nicht auf die alleinige Klingelgerätbehandlung ansprechen. Man weiß nicht genau, wie das Klingelgerät funktioniert. Man weiß jedoch, dass es funktioniert und das ist das Entscheidende. Lange wurde darüber diskutiert, ob es sich um ein sogenanntes klassisches Konditionieren handelt. Dazu wäre es allerdings notwendig, dass das Klingeln vor dem Einnässen erfolgt, nicht erst anschließend. Stattdessen handelt es sich vermutlich um ein komplexes Lernprogramm mit sowohl verstärkenden Elementen (Lob, Erfolgserlebnisse) wie auch unangenehmen Elementen (Aufwecken, auf die Toilette gehen, Bett abziehen usw.).

Eine erfolgreiche Klingelgerätbehandlung kann zwei Resultate aufweisen: Ein Drittel der Kinder lernt, bei voller Blase aufzuwachen und auf die Toilette zu gehen. Dieser nächtliche Toilettengang wird mit dem Fachausdruck als Nykturie bezeichnet. Die Nykturie kann als ein Restzeichen eines ehemaligen Einnässens verstanden werden. Viele Kinder wie auch Erwachsene behalten das nächtliche Aufstehen bei. Zwei Drittel der Kinder lernt, mit voller Blase durchzuschlafen. In diesen Fällen bewirkt das Klingelgerät, dass die Entleerungsreflexe der vollen Blase unterdrückt werden, so dass das Kind ohne Einnässen bis zum nächsten Morgen schläft. Welches Resultat erreicht wird, ist egal – Hauptsache, das Kind ist trocken.

4.16 Wie häufig sind Rückfälle?

Wenn ein Kind gelegentlich einnässt, kann dieses für Kind und Familie sehr deprimierend sein. Falls dies bei Ihrem Kind passieren sollte, trösten Sie es und sagen Sie ihm, dass das überhaupt nichts ausmacht. Es kommt bei vielen Kindern vor und ist noch lange kein Rückfall.

Von einem Rückfall spricht man erst, wenn Ihr Kind regelmäßig zweimal pro Woche einnässen sollte. Etwa 15 bis 20 % der Kinder erleiden einen Rückfall. In diesem Fall gibt es eine klare Empfehlung: bitte sofort mit dem Klingelgerät neu anfangen. Wenn man dieses nicht hinauszögert, werden die meisten Kinder nach dem Rückfall wieder trocken. Von daher ist es gut, wenn Sie Ihr Klingelgerät noch eine Weile aufheben.

4.17 Wann sollte das Klingelgerät mit anderen Behandlungsmethoden kombiniert werden?

Es gibt eine Reihe von besonderen Situationen, in denen sich das Klingelgerät gut mit anderen Methoden kombinieren lässt. Falls das Gerät wiederholt über längere Zeit zwei- bis dreimal pro Nacht klingeln sollte, muss etwas Zusätzliches unternommen werden. Ein wiederholtes nächtliches Klingeln könnte für eine Drangstörung (ohne Einnässen tags) sprechen (siehe auch Kapitel 3). In diesem Fall kann es sinnvoll sein, die Blase über Nacht „ruhig zu stellen", so dass sie sich nicht vorzeitig im halbvollen Zustand kontrahiert. Dazu sollte abends eine halbe bis eine Tablette Oxybutinin (Dridase®) oder Propiverin (Mictonetten®) in Kombination mit dem Klingelgerät verabreicht werden. In ausgeprägten Fällen muss die Drangsymptomatik tagsüber, wie in Kapitel 3 beschrieben, mit Oxybutinin und Plänen behandelt werden und nachts das nächtliche Einnässen mit dem Klingelgerät.

Dagegen hat sich die Kombination von Klingelgerät mit dem Medikament Desmopressin (z. B. Minirin®) nicht bewährt. Damit das Klingelgerät als Lernprogramm überhaupt wirken kann, muss Ihr Kind ab und zu einnässen, um die Abläufe einzuüben. Dieses wird durch das Medikament Desmopressin verhindert. Sinnvoller ist es deshalb, entweder die Klingelgerätbehandlung durchzuführen oder Desmopressin als Mittel der zweiten Wahl zu geben – und bei fehlendem Erfolg die Behandlung zu wechseln.

Um die Mitarbeit und Motivation der Kinder zu stärken, kann ein sogenanntes Arousal-Training (Erweckbarkeits-Training) durchgeführt werden. Dabei werden Kinder aufgefordert, innerhalb von drei Minuten aufzustehen und auf die Toilette zu gehen. Wenn sie dieses Ziel erreichen, erhalten sie noch in der gleichen Nacht zwei kleine Belohnungen (z. B. Sticker). Falls sie es nicht erreichen, müssen sie einen Sticker zurückgeben. Bei jüngeren Kindern hat es sich bewährt, bei Erreichen des Zieles einen Sticker zu geben. Beim Nichterreichen erhalten sie zwar keinen Sticker, müssen aber auch nichts wieder zurückgeben. Dies wäre für jüngere Kinder schwer zu verkraften. Das Prinzip des Arousal-Trainings ist eine positive Verstärkung der Mitarbeit, die tatsächlich von den Kindern steuerbar ist.

Unter keinen Umständen sollte das Trockensein an sich verstärkt werden. Wie oben beschrieben, erfolgt das nächtliche Einnässen immer unwillkürlich, so dass es für viele Kinder unfair und frustrierend wirkt, wenn sie das Ziel trotz aller Anstrengungen nicht erreichen und die in Aussicht gestellte Belohnung nicht bekommen.

4.18 Wann sollte eine Behandlung mit dem Klingelgerät beendet werden?

Wie oben beschrieben, kann das Klingelgerät abgesetzt werden, wenn das Kind 14 Tage hintereinander trocken ist. Falls es sich nicht motivieren lässt und die Mitarbeit verweigert, hat es wenig Zweck, gegen den Willen des Kindes mit allen Mitteln die Behandlung zu erzwingen. Viel sinnvoller ist es, eine Pause einzulegen und zu warten, bis das Kind die nötige Motivation zeigt. In solchen Fällen kann es auch sinnvoll sein, wieder Windeln anzuziehen, um die Belastungen in der Familie zu reduzieren. Auch wenn Sie als Eltern merken, dass Sie trotz guten Willens es nicht schaffen, nachts aufzustehen oder nicht wieder einschlafen können, sollten Sie ebenfalls überlegen, ob eine Pause nicht für alle Beteiligten besser wäre. In solchen Fällen kann man auch zu einer Behandlung mit Medikamenten greifen.

4.19 Wann behandelt man mit Medikamenten?

Eine medikamentöse Behandlung ist beim nächtlichen Einnässen eindeutig Mittel der zweiten Wahl. Es gibt jedoch eine Reihe von Situationen, bei denen Medikamente sinnvoll und angezeigt sind. In dem vorherigen Abschnitt wurden einige Situationen aufgeführt, nämlich, wenn Ihr Kind nicht motiviert ist und Sie die Behandlung nicht leisten können. Medikamente sind ebenfalls gut geeignet, falls Ihr Kind schnell trocken werden muss, z.B. vor einem Urlaub oder vor einer bevorstehenden Klassenfahrt. Medikamente können ebenfalls sinnvoll sein, wenn alle anderen Methoden ohne Erfolg blieben. In solchen Fällen, gerade bei Jugendlichen, kann eine langfristige medikamentöse Therapie auch sinnvoll sein.

4.20 Welche Medikamente haben eine positive Wirkung auf das nächtliche Einnässen?

Im Prinzip gibt es nur zwei Stoffe, die einen nachgewiesenen Effekt bei dem nächtlichen Einnässen haben. Das erste Mittel ist das Desmopressin, ein Stoff, der dem natürlichen antidiuretischen Hormon (ADH) sehr ähnlich ist. Dieses Medikament sollte wegen der guten Wirkung und Verträglichkeit bevorzugt eingesetzt werden. Das Mittel der ferneren Wahl ist ein älteres Antidepressivum wie das Imipramin. Dieses wird heutzutage wegen Nebenwirkungen am Herz-Kreislaufsystem nicht mehr – oder nur in therapieresistenten Ausnahmefällen gegeben. Medikamente müssen natürlich vom Arzt verschrieben und die Behandlung überwacht werden.

4.21 Wie wirkt die Behandlung mit Desmopressin?

Desmopressin (z.B. Minirin®) wird nur abends vor dem Schlafengehen als Tablette verabreicht. Das Medikament führt dazu, dass nachts weniger Urin gebildet wird. Vermutlich hat es noch weitere Effekte auf das zentrale Nervensystem, die noch nicht endgültig erforscht sind. Etwa 70 % der Kinder sprechen auf das Medikament an und werden unter Medikamentengabe trocken oder haben zumindest sehr viel seltener nasse Nächte. Wenn es abgesetzt wird, bleibt ein kleiner Teil der Kinder anschließend trocken, die meisten erleiden jedoch einen Rückfall. Deshalb ist die Langzeitwirkung von Medikamenten insgesamt niedriger als die des Klingelgerätes.

Jedes Kind braucht eine bestimmt Dosis. Diese muss langsam herausgefunden werden. Die Dosis liegt bei ein bis zwei Tabletten am Abend (d. h. insgesamt 0,2 mg bis 0,4 mg). Man beginnt mit der niedrigsten Dosis. Das heißt, man gibt in den ersten zwei Wochen eine Tablette abends, falls diese nicht ausreicht, in den nächsten zwei Wochen zwei Tabletten abends. Falls das Medikament nach 4 Wochen keine Wirkung zeigt, sollte es natürlich abgesetzt werden. Jedes Ansetzen der Medikamente wie auch Änderungen sollten Sie mit Ihrem Kinderarzt besprechen. Falls das Medikament jedoch wirkt, kann es auch längerfristig gegeben werden. Nach drei Monaten spätestens sollte ein Absetzversuch erfolgen, um zu sehen, ob das Medikament noch gebraucht wird. Alle diese Dinge sollten Sie nicht eigenständig vornehmen, sondern immer in ärztlicher Absprache.

Desmopressin zeigt insgesamt wenige und seltene Nebenwirkungen. Manche Kinder klagen über leichte Bauch- und Kopfschmerzen. Auch ist eine motorische Unruhe bei einzelnen Kindern beschrieben worden. Die einzige schwere Nebenwirkung tritt vor allem dann auf, wenn Kinder vermehrt Flüssigkeit trinken und zu viel Medikamente nehmen. In diesen Fällen hat der Körper Flüssigkeit aufgenommen und kann sie nicht mehr loswerden. Es kann zu einer Blutverdünnung bis zur Bewusstlosigkeit und Notwendigkeit einer intensiv-medizinischen Behandlung kommen. Zum Glück sind diese Nebenwirkungen sehr selten, nur müssen Sie als Eltern darüber informiert sein. Es wird deshalb empfohlen, das Medikament vor dem Schlafengehen zu geben, und anschließend nichts mehr zu trinken. Die Wirkung des Medikamentes ist üblicherweise bis zum nächsten Morgen abgeklungen. Reguläre Laborkontrollen sind bei Desmopressin nicht notwendig. Auch greift es nicht in den körpereigenen Kreislauf der Hormone ein.

4.22 Wann behandelt man mit Antidepressiva?

Auch Antidepressiva wie das Imipramin haben einen positiven Effekt auf das Einnässen. Die Wirkungen sind durchaus vergleichbar mit denen von Desmopressin. Etwa 70 % der Kinder werden trocken oder nässen seltener ein unter dem Medikament, wenn es jedoch abgesetzt wird, ist die Rückfallquote relativ hoch. Die Einschränkungen beim Imipramin beziehen sich auf die Nebenwirkungen. So können alle Antidepressiva Veränderungen bei den Blutwerten bewirken. Besonders beachtet werden müssen Nebenwirkungen auf die Herzfunktion. So können schwere Herzrhythmusstörungen auftreten. Deshalb sollten Antidepressiva nicht eingesetzt werden. Die einzige

Ausnahme sind Kinder und Jugendliche, bei denen wirklich alle anderen Methoden versagt haben. Eine genaue ärztliche Überwachung ist notwendig.

4.23 Zusammenfassung und Ausblick

In diesem Kapitel wurden das nächtliche Einnässen und die vielfältigen Behandlungsmethoden detailliert dargestellt. Immer sollte eine genaue Diagnostik, d. h. Abklärung, vorausgehen. Die Behandlung sollte mit einfachen Mitteln beginnen und je nach Bedarf gesteigert werden. Und ganz entscheidend ist die Mitarbeit und Motivation Ihres Kindes. Wenn es trocken werden möchte, wird man in vielen Fällen einen Weg dazu finden.

5   Einnässen und psychische Auffälligkeiten

Die Hauptfrage dieses Kapitels lautet: Zeigt mein Kind zusätzlich zum Einnässen weitere seelische oder Verhaltensauffälligkeiten? Sie sollten sich genau fragen, ob es andere Bereiche gibt, über die Sie sich Sorgen machen. Falls Sie über die Entwicklung Ihres Kindes, sein Verhalten in der Schule oder zu Hause oder über sein emotionales Befinden beunruhigt sind, sollten Sie sich an einen Kinderpsychiater, Kinderpsychologen oder Kinderarzt mit entsprechender Zusatzqualifikation wenden.

5.1 Wie häufig sind psychische Störungen bei Kindern, die einnässen?

Wie schon im Eingangskapitel erwähnt, leiden die meisten Kinder tatsächlich unter dem Einnässen. Sie sind traurig, schämen sich und zeigen Selbstwertprobleme. Viele dieser Zeichen werden sich mit Erreichen des Trockenwerdens zurückbilden. Andererseits leiden 20 bis 40 % aller Kinder unter zusätzlichen, ausgeprägten seelischen oder Verhaltensproblemen. Die Zusammenhänge mit dem Einnässen sind häufig nicht klar.

So gibt es insgesamt vier verschiedene Möglichkeiten, wie Einnässen und psychische Auffälligkeiten miteinander verbunden sein können:
1. Bei einzelnen Kindern können die Auffälligkeiten Folge des Einnässens sein und werden sich mit dem Trockenwerden zurückbilden.
2. Bei anderen Kindern waren die psychischen Auffälligkeiten schon vorher vorhanden und können, z. B. bei dem sekundären nächtlichen Einnässen, sogar einen Rückfall auslösen.
3. In einzelnen Fällen, wie bei Kindern mit einem nächtlichen Einnässen und Aufmerksamkeitsstörungen, können sogar gemeinsame biologische Faktoren eine Rolle spielen.
4. Zuletzt können psychische Auffälligkeiten und Einnässen rein zufällig zusammen auftreten und es entspricht mehr Ihrem Bedürfnis, eine ursächliche Verbindung zu sehen. Möglicherweise liegt eine solche Verbindung gar nicht vor.

Unabhängig von den möglichen ursächlichen Zusammenhängen, die im Einzelfall oft auch nicht zu klären sind, gilt immer das Grundprinzip, dass das Einnässen separat behandelt werden sollte mit dem Ziel, dass Ihr Kind trocken wird. Falls weitere Probleme vorhanden sind, erfordern diese eine zusätzliche Behandlung.

5.2 Bei welchen Einnässformen sind psychische Störungen häufig?

Wie schon mehrfach erwähnt, ist das Risiko für Verhaltensauffälligkeiten bei einnässenden Kindern insgesamt zwei- bis vierfach erhöht. Ein besonders geringes Risiko haben Kinder mit einem primären nächtlichen Einnässen und einer Dranginkontinenz. Ein besonders hohes Risiko haben Kinder mit einem Miktionsaufschub und einem sekundären nächtlichen Einnässen. Diese erhöhten Risiken sind natürlich nur allgemeine, statistische Hinweise, die für Fachleute hilfreich sein können. Für Ihr Kind gilt es, in jedem Fall zu prüfen, ob nur das Einnässen vorliegt (der wahrscheinlichste Fall) oder ob es in anderen Bereichen weitere Hilfen benötigt.

5.3 Welche Verhaltensauffälligkeiten sind am häufigsten bei einnässenden Kindern?

Bei psychischen Auffälligkeiten können grob zwei große Bereiche unterschieden werden:
1. Die sogenannten internalisierenden Störungen, auch emotionale oder seelische Störungen genannt. Zu diesen Störungen zählen Depressionen, Ängste und andere Störungen.
2. Die sogenannten externalisierenden Störungen, die durch ein äußerlich sichtbares Verhalten erkannt werden können. Hierzu gehören die hyperkinetischen oder Aufmerksamkeitsstörungen (HKS oder ADHS). Diese sind durch eine gesteigerte Motorik, eine geringere Konzentrationsspanne, eine erhöhte Ablenkbarkeit und Impulsivität (Handeln ohne zu Denken) gekennzeichnet. Ferner können Störungen des Sozialverhaltens auftreten, entweder durch ein verweigerndes Verhalten oder ein regelmäßiges Übertreten der Normen.

Die landläufigen Vorurteile und Meinungen, die auch noch von Therapeuten und Ärzten vertreten werden, sehen das Einnässen als internalisierende Störung. Manche sprechen sogar von der „Blase, die weint". Wie in diesem ganzen Ratgeber hoffentlich deutlich geworden ist, ist das Einnässen in den allermeisten Fällen nicht psychisch bedingt. Ferner konnten Untersuchungen zeigen, dass internalisierende Störungen wie Depressionen bei einnässenden Kindern sehr viel seltener sind als externalisierende Störungen.

Die wichtigste Einzelstörung, die beim Einnässen vorkommen kann, ist tatsächlich eine Aufmerksamkeitsdefizit-/Hyperaktivitätsstörung (ADHS) bzw. ein hyperkinetisches Syndrom (HKS). Von der Tendenz her ist ein einnässendes Kind also nicht ängstlich, zurückhaltend und depressiv, sondern im Gegenteil eher zappelig, unruhig, expansiv und rüttelt an den Grenzen, die ihm gesetzt werden.

Doch auch diese allgemeinen Diskussionen sind für Fachleute wichtiger als für Eltern mit ihrem individuellen Kind. Für Ihr Kind gilt deshalb die Frage: Liegt irgendeine weitere Problematik neben dem Einnässen vor? Wenn ja und falls diese auch noch nach dem Trockenwerden vorhanden sein sollte, kann eine weitere Behandlung angezeigt sein.

5.4 Wann behandelt man das Einnässen, falls weitere Probleme vorliegen?

Nach den bisherigen Ausführungen sollte die Behandlung des Einnässens mit dem Ziel einer Trockenheit immer zuerst erfolgen. Wenn Ihr Kind trocken geworden ist, reicht es oft noch aus, zu überprüfen, ob weitere Schritte überhaupt erforderlich sind. Einer reinen Psychotherapie aufgrund des Einnässens sollten Sie nicht zustimmen. Falls Ihr Kind weitere Probleme zeigt, können weitergehende Psychotherapien durchaus sinnvoll und wirksam sein.

In ganz wenigen Fällen, bei denen Ihr Kind so mit seinen Problemen beschäftigt ist, dass es sich nicht an der Behandlung des Einnässens beteiligen kann, sollte die Psychotherapie zuerst erfolgen, im späteren Schritt die Behandlung des Einnässens.

6 Zum Abschluss

Das Ziel dieses Ratgebers war es, Ihnen als Eltern einen kurzen Überblick über die verschiedenen Formen des Einnässens zu geben sowie Sie über die vielfältigen Behandlungsmöglichkeiten zu informieren. Das Einnässen ist als offizielle Erkrankung nach der ICD-10 der Weltgesundheitsorganisation anerkannt. Wenn Ihr Kind trocken werden möchte und darunter leidet, suchen Sie bitte Ihren Kinderarzt auf oder holen Sie sich sonstige professionelle Hilfe. Verlieren Sie das Ziel nicht aus den Augen: Wenn Ihr Kind trocken geworden ist, werden sich viele andere Probleme gelöst haben. Der Einsatz lohnt sich wirklich!

Anhang

Literatur

Equit, M., Sambach, H., Niemczyk, J. & von Gontard, A. (2012). *Ausscheidungsstörungen bei Kindern und Jugendlichen. Ein Therapieprogramm zur Blasen- und Darmschulung.* Göttingen: Hogrefe.

von Gontard, A. & Lehmkuhl, G. (2009). *Enuresis* (Leitfaden Kinder- und Jugendpsychotherapie, 2., überarb. Aufl.). Göttingen: Hogrefe.

von Gontard, A. (2010a). *Ratgeber Einkoten. Informationen für Betroffene, Eltern, Lehrer und Erzieher.* Göttingen: Hogrefe.

von Gontard, A. (2010b). *Enkopresis* (Leitfaden Kinder- und Jugendpsychotherapie). Göttingen: Hogrefe.

von Gontard, A (2010c). *Enkopresis: Erscheinungsformen – Diagnostik – Therapie* (2. Aufl.). Stuttgart: Kohlhammer.

48-Stunden-Protokoll

Name: _____   Vorname: _____

Geb.-Datum: _____   Protokoll-Datum: _____

Uhrzeit	Urin-menge	Drang-symptomatik	Stottern Pressen	Einnässen: feucht/nass	Trink-menge	Bemerkung
		☐	☐	☐		
		☐	☐	☐		
		☐	☐	☐		
		☐	☐	☐		
		☐	☐	☐		
		☐	☐	☐		
		☐	☐	☐		
		☐	☐	☐		
		☐	☐	☐		
		☐	☐	☐		
		☐	☐	☐		

48-Stunden-Protokoll über Toilettengang und Einnässen

Um Ihr Kind richtig betreuen zu können, sind wir auf Ihre Beobachtung angewiesen. Bitte notieren Sie an zwei Tagen, an dem Ihr Kind nicht zur Schule oder in den Kindergarten geht, jedes Wasserlassen sowie jedes Einnässen. Dies sollte in dem Zeitraum vom ersten Wasserlassen morgens bis zum übernächsten Tag, möglichst bis zum Abend festgehalten werden.

Bitte sprechen Sie am Tag vorher mit Ihrem Kind darüber. Es soll Ihnen jedes Mal Bescheid sagen, wenn es zur Toilette gehen muss. Es sollte dann in ein Messgefäß oder in ein Töpfchen Wasser lassen. Sie brauchen den Urin nicht aufzubewahren.

In dieser Zeit sollte Ihr Kind nur nach Harndrang zur Toilette gehen, also nicht von Ihnen zum Toilettengang angehalten werden.

Notieren Sie dann bitte im Protokollbogen folgende Punkte:
- Uhrzeit.
- Urin- und Trinkmenge. Die Urin- und Trinkmenge messen Sie bitte mit dem Messbecher ab.
- Unter „Drangsymptomatik" machen Sie ein Kreuz, wenn das Kind bei plötzlichem Harndrang die Beine zusammenpresste, in die Hocke ging, zur Toilette rennen musste und/oder dabei vorzeitig Urin ließ.
- Auffälligkeiten beim Wasserlassen kreuzen Sie bitte in der Spalte „Pressen/Stottern" an. Achten Sie darauf, wie stark und kontinuierlich der Harnstrahl ist.
- Wenn das Kind eingenässt hat, auch wenn die Hose nur feucht ist, kreuzen Sie dieses bitte an.
- Bitte notieren Sie weitere Beobachtungen in der letzten Spalte.

VIELEN DANK!

Anamnesefragebogen: Einnässen/Harninkontinenz
von R. Beetz, A. von Gontard und B. Lettgen

Name: _____ Vorname: _____

Geb.-Datum: _____ Protokoll-Datum: _____

	Ja	Nein	?
Einnässen am Tag:	☐	☐	☐
War Ihr Kind tagsüber schon trocken?	☐	☐	☐

Wenn ja, wie lange _____

und in welchem Alter _____

		Ja	Nein	?
Wird die Wäsche	feucht?	☐	☐	☐
	nass?	☐	☐	☐
Nässt es überwiegend	nachmittags?	☐	☐	☐
	verteilt über den Tag?	☐	☐	☐
	abwechselnd feucht und nass?	☐	☐	☐

An wievielen Tagen in der Woche nässt Ihr Kind ein? _____

Wie oft am Tag nässt Ihr Kind ein? _____

	Ja	Nein	?
Einnässen in der Nacht:	☐	☐	☐
War Ihr Kind nachts schon mal trocken?	☐	☐	☐

Wenn ja, wie lange _____

und in welchem Alter _____

		Ja	Nein	?
Ist das Bettzeug	triefend nass?	☐	☐	☐
	feucht?	☐	☐	☐
	abwechselnd feucht und nass?	☐	☐	☐
Wird Ihr Kind nachts durch Harndrang wach?		☐	☐	☐
Wird Ihr Kind im nassen Bett wach?		☐	☐	☐
Ist Ihr Kind auffällig schwer erweckbar?		☐	☐	☐
Nässte jemand aus der Verwandtschaft lange ein?		☐	☐	☐

Wenn ja, wer? _____

In wievielen Nächten pro Woche nässt Ihr Kind ein? _____

	Ja	Nein	?

Toilettengang

Wie oft geht Ihr Kind spontan pro Tag zum Wasserlassen? _____

Wenn Sie Ihr Kind längere Zeit bei sich haben (Reisen,
Einkaufen usw.), nach wieviel Stunden muss es Wasserlassen? _____

Müssen Sie Ihr Kind häufiger zum Wasserlassen auffordern? □ □ □

Muss Ihr Kind während des Wasserlassens anhaltend
pressen? □ □ □

Erfolgt das Wasserlassen mit Unterbrechungen? □ □ □

Ist der Harnstrahl kräftig? □ □ □

Haben Sie den Eindruck, dass sich Ihr Kind genügend Zeit
zum Wasserlassen nimmt? □ □ □

Verhalten bei Harndrang

Hat Ihr Kind urplötzlichen, überstarken Harndrang? □ □ □

Muss bei Harndrang sofort die Toilette aufgesucht werden,
weil das Kind sonst einnässt? □ □ □

Benutzt Ihr Kind Haltemanöver, um den Drang zurückzuhalten, z.B. Herumhampeln, Beine zusammenpressen,
Fersensitz? □ □ □

Schiebt Ihr Kind das Wasserlassen möglichst lange auf
und hat dann überstarken Harndrang? □ □ □

Wenn ja, in welchen Situationen? _____

Besonderheiten

Besteht ständiges Harnträufeln? □ □ □

Kommt es nach dem Gang auf die Toilette zum Harnverlust? □ □ □

Nimmt das Kind das Einnässen wahr? □ □ □

Harnwegsinfektionen

Hatte Ihr Kind schon einmal eine Harnwegsinfektion
(Blasen-, Nierenbeckenentzündung)? □ □ □

Wenn ja   wie viele? _____

            mit Fieber? □ □ □

	Ja	Nein	?

Stuhlverhalten

	Ja	Nein	?
Neigt Ihr Kind zu Verstopfung?	☐	☐	☐
Kommt es bei Ihrem Kind zu unkontrolliertem Stuhlgang?	☐	☐	☐
Stuhlschmieren	☐	☐	☐
Einkoten	☐	☐	☐
Wenn ja, war Ihr Kind schon sauber?	☐	☐	☐

wie lange? _____

in welchem Alter? _____

An wievielen Tagen pro Woche kotet Ihr Kind ein? _____

In welchen Situationen? _____

Verhalten

	Ja	Nein	?
Falls Ihr Kind schon einmal trocken war, sehen Sie einen Zusammenhang mit einem bestimmten Auslöser für das erneute Einnässen?	☐	☐	☐

Welche(n)? _____

	Ja	Nein	?
Tritt das Einnässen mit Stress und Belastungssituationen häufiger auf?	☐	☐	☐

Welche? _____

	Ja	Nein	?
Ist Ihr Kind leicht ablenkbar?	☐	☐	☐
zappelig?	☐	☐	☐
Zeigt Ihr Kind Konzentrationsschwierigkeiten?	☐	☐	☐
Unkontrolliertes, impulsives Verhalten?	☐	☐	☐
Reagiert Ihr Kind mit aggressivem, trotzigem, verweigerndem Verhalten?	☐	☐	☐
Zeigt es Schwierigkeiten, Regeln einzuhalten?	☐	☐	☐
Schätzen Sie Ihr Kind als ängstlich ein (z. B. in bestimmten Situationen, bei besonderen Personen)?	☐	☐	☐
Ist Ihr Kind traurig, unglücklich, zieht es sich zurück, meidet es Kontakte?	☐	☐	☐
Hat Ihr Kind Schulleistungsprobleme?	☐	☐	☐
Ist die sprachliche und körperliche Entwicklung verzögert?	☐	☐	☐

Welche sonstigen Probleme zeigt Ihr Kind? _____

_____

	Ja	Nein	?
Leidet Ihr Kind sehr unter dem Einnässen?	☐	☐	☐
Ist Ihr Kind motiviert und zur Mitarbeit bereit?	☐	☐	☐

Fähnchenplan für Dranginkontinenz

Dieser Plan gehört:

_____

Mein Zeichen für „nass"

Mein Zeichen für „trocken"

Wochentag	Toilettengang trocken oder nass
Montag	
Dienstag	
Mittwoch	
Donnerstag	
Freitag	
Samstag	
Sonntag	

Dieser Plan gehört: _____

Mein Zeichen für Toilettengang

Wochentag	1	2	3	4	5	6	7
Montag							
Dienstag							
Mittwoch							
Donnerstag							
Freitag							
Samstag							
Sonntag							

Sonne-Wolken-Kalender

Dieser Plan gehört: _____

	Mo	Di	Mi	Do	Fr	Sa	So
1. Woche							
2. Woche							
3. Woche							
4. Woche							

Buchtipps

Alexander von Gontard

Ratgeber Einkoten

Informationen für Betroffene, Eltern, Lehrer und Erzieher

(Reihe: »Ratgeber Kinder- und Jugendpsychotherapie«, Band 15)
2010, 66 Seiten, Kleinformat, € 8,95 / CHF 15,20
■ ISBN 978-3-8017-2275-3
@ E-Book € 7,99 / CHF 11,99

Einkoten ist eine häufig auftretende, jedoch immer noch tabuisierte Störung, die mit Schamgefühlen und hohem Leidensdruck für Eltern und Kinder verbunden ist. Der Ratgeber informiert über verschiedene Formen des Einkotens und gibt Hinweise zu den Ursachen des Einkotens. Der Ratgeber erläutert, wie es zum Einkoten mit oder ohne Verstopfung sowie zum Einkoten mit Einnässen kommt. Zudem liefert er zahlreiche Hinweise und praktische Hilfen, wie diese Ausscheidungsstörungen wirksam behandelt werden können.

Thomas Reinehr · Michael Dobe · Mathilde Kersting

Abnehmen mit Obeldicks und Optimix

Ein Ratgeber für Eltern übergewichtiger Kinder

2., überarbeitete Auflage 2010,
171 Seiten, Kleinformat, € 16,95 / CHF 28,40
■ ISBN 978-3-8017-2271-5
@ E-Book € 14,99 / CHF 20,99

Beinahe jedes sechste Kind in Deutschland zwischen vier und sechzehn Jahren ist übergewichtig. Die Behandlung ist häufig schwierig und betroffene Familien sind oft überfordert und geben auf. Doch das muss nicht sein! »Obeldicks«, das ganzheitliche Schulungsprogramm für übergewichtige Kinder sowie »Optimix«, ein alltagstaugliches Ernährungskonzept für Kinder – beide von Wissenschaftlern entwickelt und in der Praxis erprobt – können Eltern und Erziehern helfen, die Ressourcen ihrer Kinder zu stärken und zu einem gesunden Lebensstil zu finden.

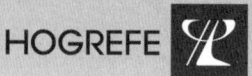